Odin

Een mythologische Wandeling

Gardenstone

Copyright © 2014 GardenStone
Contact:
GardenStone@boudicca.de
www.facebook.com/GardenStone
www.hg-shop.eu
Omslagontwerp, opmaak en vormgeving: GardenStone
Bron omslagtekening: Oliver Bray (vertaler), The Elder or Poetic Edda, London, 1908.

Alle rechten voorbehouden. Niets uit deze uitgave mag worden verveelvoudigd, opgeslagen in een geautomatiseerd gegevensbestand, of openbaar gemaakt, in enige vorm of op enige wijze, hetzij electronisch, mechanisch, door fotokopieën, opnamen of op enige andere manier zonder voorafgaande schriftelijke toestemming van de auteur.

Druk en distributie: BoD – Books on Demand, Norderstedt
ISBN: 978-3-7386-0476-4

Inhoud

Route-informatie 3
Start 7
    Proza Edda 8
    Poëtische Edda 9
    Heimskringla 12
    Gesta Danorum 14
    Skaldenpoëzie 15
    Saga's 15
    Skald 16
Routeplaats 1: Odin en de scheppingsmythe 17
Routeplaats 2: Odin de oppergod 23
Routeplaats 3: Odins naam 29
Routeplaats 4: Odin en Troje 35
Routeplaats 5: Odin en Ægir 39
Routeplaats 6: Odin en Rinda 41
Routeplaats 7: Odin en Frigg 45
Routeplaats 8: Odin en Gefjon 49
Routeplaats 9: Odin en Mimir 53
Routeplaats 10: Odin en Kolna 57
Routeplaats 11: Odin en Mithothin 61
Routeplaats 12: Odin en Skadi 65
Routeplaats 13: Odin en Sæmingr 67
Routeplaats 14: Odin en Saga 69
Routeplaats 15: Odin en Sigi 73
Routeplaats 16: Odin en Skjöld 75
Routeplaats 17: Odin en Vidar 77
Routeplaats 18: Odin en Loki 81
Routeplaats 19: Odin en Freyja 85

Routeplaats 20: Odin en de runen 91
Routeplaats 21: Odins toverspreuken 95
Routeplaats 22: Odin en de mede..............................101
Routeplaats 23: Odin en de Walkuren 107
Routeplaats 24: Odins dierlijke metgezellen 115
   Sleipnir 115
   Hugin en Munin 118
   Geri en Freki 121
Routeplaats 25: Odins magische hulpmiddelen 123
Routeplaats 26: Odin en Wodan 131
Routeplaats 27: Odins zonen 137
Routeplaats 28: Odins dochters....................................143
Routeplaats 29: Offergaven aan Odin..........................145
Routeplaats 30: Odin en Saxo......................................151
Routeplaats 31: Odin en Adam van Bremen 157
Routeplaats 32: De bijnamen van Odin.......................161
Routeplaats 33: Odin en de Nornen 171
Routeplaats 34: Odins 'dood' 177
Terug bij de route-informatie - Vragen achteraf 185
Leestips en afbeeldingen 191
   Boeken 191
   Internet...192
   Lijst met afbeeldingen 192

Route-informatie

Vind Odin

Zoek, zoek, zoek,
zoek in elke hoek,
achter alle bomen,
op bergen en in grotten,
in burchten en in krotten,
en ook in je dromen,
vindt 'm in dit boek,
Zoek, zoek, zoek.

Welkom aan het begin van deze wandeling. Voordat jullie vertrekken is het wellicht nuttig om een paar woorden door te geven, zodat je bij de verschillende routeplaatsen wat minder met je oren hoeft te klapperen.

Over Odin, de oppergod in de Scandinavische mythen, die in het bijzonder in de Edda tot ons kwam, kan een heleboel worden verteld. Er zijn hele boeken over hem geschreven, daarom alleen al kan hier geen volledigheid worden geboden. De inhoud van dit boek is mijn selectie, een persoonlijke keus, geput uit de vele beschikbare bronnen en bedoeld om een breed en gevarieerd beeld van deze god te geven.
Vooral met behulp van veel vertaalde citaten uit oude geschriften uit de middeleeuwen wordt een nadere kennismaking met de mythologische Odin geboden.

Odin bij Mimir's bron der wijsheid

Inderdaad, na de wandeling zullen velen die goed op de hoogte zijn van de Noordse mythologie ongetwijfeld van mening zijn, dat er nog meer over Odin staat in die oude bronnen. En daarmee hebben ze ook gelijk. Maar deze bijdrage heet niet zonder reden "Een mythologische wandeling" en niet "Een uitputtende trektocht". Er blijft voor de geïnteresseerde nog genoeg over om zelf ook een andere soortgelijke wandeling te ondernemen, langs plaatsen die hier niet opgenomen waren.

Uit meerdere van de routeplaatsen van deze wandeling is behoorlijk duidelijk op te maken, dat tenminste in de literatuur de wereld der Vikingen patriarchaal was. Vrouwen werden weliswaar in ere gehouden, maar ze waren dienstbaar aan de mannen. Dat is bijvoorbeeld direct op te maken uit de informatie bij de routeplaatsen 6 en 21. Maar je zult daarvoor onderweg vast en zeker nog meer aanwijzingen vinden.
Sommige van de plaatsen kun je al na korte tijd weer verlaten. Ze bieden niet zoveel informatie. Bij andere kun je gerust langer verblijven. Dat verschil berust op de verschillen in de hoeveelheid verwerkte informatie.

De citaten uit de oude werken zijn bijna alle mijn eigen enigszins vrije vertalingen, inclusief Odins runenlied en de toverspreuken uit de Hávamál en het Walkurenlied. De nadruk lag bij het vertalen op het direct kunnen begrijpen, er werd weinig belang gehecht aan het behoud van de dichttechniek en het woordelijk vertalen – dat laatste is sowieso nauwelijks mogelijk.

Maar goed, jullie staan allemaal al te trappelen, zie ik, dus ga je gang maar. Ikzelf zal hier op jullie wachten en hoop jullie allemaal weer veilig en welgemoed terug te zien. Veel plezier.

GardenStone.

Odin en zijn broers Vili en Vé scheppen de aarde uit het lichaam van de oerreus Ymir.

Start

Gewoon doen!

Informatie ... bah! Zo saai en droog
voor 't verstand en voor het oog.
Hoewel, dat is 't alleen voor mijn gevoel;
wanneer ik me interesseer voor het doel,
dan is er niets mee aan de hand,
dan wordt zo'n tekst echt interessant
en lees ik omdat ik wil weten,
aandachtig ook, om niet te vergeten.

Geen weerzin meer
zoals misschien tevoren,
en door die ommekeer
voelt de tijd niet verloren!

Bij de vele routeplaatsen die volgen, worden vaak namen van oude literaire bronnen gebruikt en ook de namen van delen of hoofdstukken daaruit. Omdat lang niet iedereen die namen kent, zou dat verderop best wel vragende, misschien zelfs ontstemde gezichten kunnen geven. Daarom krijg je al direct aan het begin een flink stuk informatie daarover onder de neus gedrukt. Wanneer je het allemaal al wel weet, wandel dan gerust direct verder. Maar voor alle anderen volgt hier een overzicht van de belangrijkste van die oude werken en de verklaringen van een paar termen. Natuurlijk kun je dit gedeelte ook achteraf lezen.

Proza Edda

Dit Oudnoordse geschrift uit het begin van de 13e eeuw werd door de IJslandse schrijver Snorri Sturluson (1178-1241) in elk geval deels geschreven als leerboek der dichtkunst (skaldiek). Het biedt een omvangrijke weergave van de mythologie van de Noord-Europese heidenen, inclusief de godenleer en een uitvoerige lijst van poëtische synoniemen en omschrijvingen van veel begrippen en namen, de zogenaamde 'kenningen'. Dit werk staat ook wel bekend als de 'jongere Edda' en 'Snorra-Edda'.

De 'volledige' Proza-Edda omvat de delen:
Proloog;
Dit gedeelte verbindt de 'oude' mythen met het wereldbeeld uit de tijd van Snorri Sturluson en 'versmelt' dat met de geschiedenis van het Europa ten zuiden van Scandinavië zoals men die destijds kende.
Gylfaginning (De zinsbegoocheling van Gylfi);
Dit deel behandelt de mythografie; de mythen uit de heidense tijd zoals de skalden deze destijds kenden.
  Door middel van een zinsbegoocheling wordt de geïmponeerde Gylfi 'gedwongen' vragen te stellen en de antwoorden presenteren dan een beeld van een fantastische, heidense prehistorie, waarin vele goden, reuzen, dwergen en andere wezens het wereldbeeld van de mensen bevolkten.
Skáldskaparmál (Leer van de dichtkunst);
De prehistorische mythen zijn hier de dragers van de technische kneepjes van de dichtkunst der skalden.

Met behulp van veel citaten uit de skaldenpoëzie worden metriek en de leer der 'kenningen' verduidelijkt.

Het Háttatal (Strofenregister)
Dit onderdeel biedt praktische hulp voor skalden. In een lang gedicht, dat Snorri zelf schreef, toont hij zijn lezers meer dan honderd verschillende dichtstijlen. In een prozagedeelte geeft hij daarbij verklarende informatie.

Het Skáldatal (Register van skalden)
Dit afsluitende deel bevat een chronologisch geordende lijst van skalden en andere beroemde dichters, voor zover Sturluson hun namen kende.

De Proza Edda is in veel talen gepubliceerd. Maar in de meeste gevallen zijn dat geen volledige uitgaven. Vaak worden de twee laatstgenoemde delen weggelaten omdat die inderdaad nogal saai zijn. Ook bij de Skáldskaparmál wordt vaak het laatste, moeilijke en niet echt boeiende gedeelte, de uitleg van veel kenningen, weggelaten.

Poëtische Edda

Dit Oudnoordse werk uit de tweede helft van de 13e eeuw is een verzameling van gedichten (liederen) dat bekend staat onder de namen 'oudere Edda', 'Poëtische Edda' en 'Lied-Edda'. In oude bronnen wordt het ook wel de 'Sæmundar-Edda' genoemd. Voor geen van de liederen kan met zekerheid een bepaalde auteur worden vastgesteld; alleen bepaalde karakteristieken van een lied geven soms een aanwijzing die in de richting van een bepaalde dichter wijst. Zoals het bij de meeste vroege poëzie het geval is, waren ook de liederen van deze Edda waarschijnlijk eerst speelmansliederen, die mondeling door zangers of dichters aan anderen werden doorgegeven. Deze gaven ze op hun beurt weer door aan hun opvolgers.

In de Poëtische Edda komen gewoonlijk de volgende liederen voor:

1. Godenliederen
- Völuspá (De profetie van de Volva)
- Hávamál (Het lied van de Hoge)
- Vafþrúðnismál (Het lied van Wafthrudnir)
- Grímnismál (Het lied van Grimnir)
- Skírnismál (Het lied van Skírnir) wordt ook wel Skírnisför (Skirnirs rit) genoemd.
- Hárbarðslióð (Het lied van Harbard)
- Hymiskviða (Het lied van Hymir)
- Lokasenna (Loki's schimprede, Loki's spotrede) of Oegisdrecka (Ægir's drinkgelag)
- Þrymskviða (Het lied van Thrym) of Hamarsheimt (Het terughalen van de hamer)
- Völundarkviða (Het Wolundlied)
- Alvíssmál (Het lied van Alvis)

Godenliederen die niet in elke uitgave zijn opgenomen:
- Hrafnagaldr Óðins (Odins raventover)
- Baldrs draumar (Balder's droom) of Vegtamskviða (Het lied van Wegtam)
- Svipdagsmál (Het lied van Swipdag)
  - Grógaldr (Het opwekken van Groa)
  - Fjölsvinnsmál (Het lied van Fjolswin)

- Rigsþula (Rig's wenslijst) of Rigsmál (Het lied van Rig)
- Hyndlulióð (Het Hyndlalied)
- Völuspá in skamma – De korte profetie van de Volva
- Gróttasöngr (Grotti's zang)

2. **Heldenliederen**
   De Helge-liederen
   - Helgakviða Hjörvarðssonar (Het lied van Helgi de zoon van Hjorward)
   - Helgakviða Hundingsbana fyrri (Het eerste lied van Helgi de Hundingsdoder)
   - Helgakviða Hundingsbana önnur (Het tweede lied van Helgi de Hundingsdoder)

   De 'Nibelungen'-Liederen
   - Sinfiötlalok (Sinfiötli's einde) of Frá dauða Sinfjötla (Over de dood van Sinfjotlid)
   - Sigurdarkviða Fafnisbana fyrsta (Het eerste lied van Sigurd de Fafnirdoder) of Grípisspá (of de voorspelling van Gripir)
   - Reginsmál (Het lied van Regin) of Sigurðarkviða Fafnisbana önnur (Het tweede lied van Sigurd de Fafnirdoder)
   - Fáfnismál (Het lied van Fafnir)
   - Sigrdrífomál (Het lied von Sigrdrifa)
   - Brot af Brynhildarkviða (Brokstuk van een Brunhilde-lied)
   - Sigurdarkviða Fafnisbana thridja (Het derde lied van Sigurd de Fafnirdoder)
   - Sigurdarkviða in skamma (Het korte lied van Sigurd)
   - Helreið Brynhildar (Brunhilde's hellevaart)
   - Guðrúnarkviða in fyrsta (Het eerste lied van Gudrun)

- Drap Niflunga (De moord op de Nevelingen)
- Guðrúnarkviða in önnur (Het tweede lied van Gudrun)
- Guðrúnarkviða in þriðja (Het derde lied van Gudrun)
- Oddrúnargrátr (De klaagzang van Oddrun)
- Atlakviða (Het (oudere) lied van Atli)
- Altlamál (Het jongere of Groenlandse lied van Atli)

De Ermenrich-liederen
- Guðrúnarhvöt (Gudrun's ophitsing)
- Hamðismál (Het lied van Hamdir)

Heldenliederen die niet in elke uitgave zijn opgenomen:
- Hlöðskviða (Het lied van Hlöd of het lied van de Hunnenveldslag)
- Hervararljóð (Het lied van Herwor)
- Gróttasöngr (Grotti's zang of Het molenlied)
- Darraðarljóð (Het walkurenlied)

Het mag trouwens als waarschijnlijk worden gezien, dat de Proza-Edda de impuls was om zoveel bestaande liederen in één werk, de Poëtische Edda, samen te brengen, het sluit gewoon naadloos aan bij Snorri's leerboek voor skalden. De Proza-Edda was bedoeld voor de opleiding van skalden, terwijl de Lied-Edda hen dan een basis repertoire bood.

Heimskringla

De uit de eerste helft van de 13e eeuw stammende Oudnoordse Heimskringla is een werk, dat saga's bevat rondom de oude Noorse koningen. De naam wordt meestal vertaald met 'Kroniek van de koningen van Noorwegen'. Het werd op IJsland door de IJslandse dichter en geschiedschrijver Snorri Sturluson geschreven. Hoe het werk oorspronkelijk heette, is niet bekend, de naam Heimskringla kreeg het pas in de 17e eeuw. Een van de meest bekende delen eruit is de Ynglinga saga die gaat over de legendarische Zweedse koningsdynastie van de Yngling familie.

Bij het begrip 'kroniek' is men al gauw geneigd te denken aan correcte geschiedschrijving. Maar uit de volgende opmerking van de schrijver, Snorri Sturluson in zijn voorwoord van dit werk, valt duidelijk op te maken, dat het begrip 'wetenschappelijk' in de 13e eeuw een andere inhoud had dan wij tegenwoordig hebben - Snorri's bronnen zijn verhalen van anderen en liederen die als amusement dienden.

In dit boek heb ik de oude verhalen opgeschreven, zoals ik ze heb horen vertellen door verstandige mensen. Het gaat over vorsten die heersten in de noordelijke landen en die de Deense taal spraken. Het gaat deels ook over stambomen van bepaalde families voor zover mij dat werd verteld. Een gedeelte ervan is ook te vinden in de oude familieregisters waarin de stambomen van de koningen en andere personen van hoge geboorte zijn opgetekend en een gedeelte staat ook in oude liederen en gedichten die onze voorouders als vermaak dienden. Hoewel we bij deze dingen niet zomaar kunnen zeggen dat het waar is, hebben we wel de zekerheid, dat oude en wijze mannen het voor waarheid houden.

Gesta Danorum

De Gesta Danorum (De daden van de Denen) is een tamelijk patriottisch 16-delig werk over de Deense geschiedenis. Het werd aan het begin van de 13e eeuw in opdracht van een aartsbisschop geheel in het Latijn geschreven door de Deense geestelijke en historicus Saxo Grammaticus. Lange tijd meende men, dat, op een aantal fragmenten na, het werk verloren was gegaan, maar in de 16e eeuw werd een volledige kopie teruggevonden. De eerste negen delen van het werk worden als mythologie beschouwd, de rest als geschiedenis. Voor wat betreft de mythologie komt er behoorlijk veel van het geschrevene aardig goed overeen met wat in de Proza Edda staat, maar er zijn ook een aantal opmerkelijke verschillen in de beschrijvingen van identieke gebeurtenissen.

Tot in het begin van de 20e eeuw werd de historische inhoud van de Gesta Danorum grotendeels gezien als betrouwbare informatie over de vroegste geschiedenis van Denemarken. In 1915 toonden de twee broers en geleerden Curt en Lauritz Weibull echter overtuigend aan, dat Saxo helemaal geen betrouwbaar, nauwgezet werkende historicus was, maar dat hij zijn werk ondergeschikt maakte aan ideologische doeleinden: Een van zijn doelstellingen was, om een compleet en beroemd 'historisch' overzicht te creëren dat zou bewijzen dat Denemarken lange tijd het culturele middelpunt was van de Noordse wereld en omgeven was door 'barbaarse' volken. Met dat doel voor ogen schijnt Saxo historische informatie uit zijn tijd te hebben aangepast.

Skaldenpoëzie

Skaldenpoëzie of Skaldenlyriek is de naam voor de Oudnoordse, niet-epische dichtvorm in strofen die de skalden schreven en voordroegen. Deze dichtvorm omvat prijzende, honende en liefdesgedichten. Een hoogtepunt van deze gedichten was de tijd der Vikingen in de 9e - 11e eeuw waarin vooral vorsten werden geprezen. Deze dichtkunst wordt gekenmerkt door een uitermate gecompliceerd artistiek systeem met een metrische methode waarbij lettergrepen werden geteld, en dat stafrijm, binnenrijm en diverse regels bevatte en waarbij omvattende poëtische omschrijvingen voor namen of zaken (kenningen) werden gebruikt, waarvoor heel specifieke literaire kennis benodigd was; om deze kenningen te kunnen ontraadselen is een gedetailleerde kennis noodzakelijk van de Noordse heidense mythologie - gewoonlijk komt men daarmee tegenwoordig niet verder dan interpretaties.

Saga's

Voor het begrip 'saga' bestaan meerdere omschrijvingen, maar het is hier gebruikt als een middeleeuwse (11e - 13e eeuw) IJslandse of Noordse vertelling, waarin gebeurtenissen uit het leven van historische of legendarische personen of families worden verteld. Aan het waarheidsgehalte moet daarbij niet te zwaar worden getild. Er bestaan meer dan 40 Oudnoordse sagas. Deze verhalen over gewone en bovennatuurlijke gebeurtenissen; ze beschrijven conflicten en vetes tussen familie-clans en het lot van sterke mannen en vrouwen. In een zakelijk gehouden schrijfstijl vertellen ze ook over de oorsprong van het land dat die families bewonen en men leert het enorme belang van eer, schuld en boetedoening in die tijd te begrijpen.

Enige van de wellicht mooist saga's zijn de saga van Egil, de saga van Njal, de saga van Grettir, de saga van de mensen op Eyr en de saga van Thorstein de Wijze.

Skald

Het Oudnoordse woord 'skáld' betekende oorspronkelijk waarschijnlijk 'hekeldichter' of spotdichter; er word een samenhang gezien met de West-Germaanse term '*skelan': 'schelden', 'smaden', 'honen', 'berispen' – een speelman die in zijn liederen spot en berispt. Gewoonlijk wordt skald vertaald als dichter en het waren grotendeels hoofse dichters in middeleeuws Scandinavië en IJsland. Vooral Noorwegen was destijds een 'bolwerk' van beroemde skalden. Enige namen van beroemde skalden zijn Gunnlaug Omstunga en Kormak Önundsson. Ook waren er vrouwelijke skalden die *skaldmær* of *skaldkona* werden genoemd.

Overleven

Ben jij Lif, mijn lief,
dan ben ik jouw Lifthrasir;
en ook wanneer de aarde ondergaat,
wij zijn en blijven samen hier.

Routeplaats 1:
Odin en de scheppingsmythe

Niets wordt iets

In geen-tijd
bestond er niets
in de grote leegte
omdat niemand keek,
want er was
geen-iemand
die zag dat
geen-vuur
en geen-ijs
als vuur en ijs
leven schiepen;
en de tijd begon.

Het best kennen we Odin uit de Noordse mythologie, het geheel van mythen en sagen uit de tijd der Vikingen; een tijdperk dat aan het einde van de achtste eeuw begint en eindigt in de elfde eeuw. Het betreft de bewoners van Scandinavië en enige andere gebieden waar de Noormannen woonden. Vaak worden de Vikingen als het zeevarende deel van die Noormannen gezien.

De Oudnoordse naam van de god Odin is *Óðinn* – het Oudnoords was de taal die de bewoners van Scandinavië en hun overzeese gebiedsdelen zo tussen de achtste en de dertiende eeuw spraken.

In die mythologie uit de tijd der Vikingers was Odin er bijna vanaf het begin bij. Hij is onder andere mede-schepper van de wereld en de mensheid. In hoofdstuk 4 van de Gylfaginning, een deel van de Proza Edda, wordt over de schepping van de aarde verteld:

> De zonen van Bor doodden de reus Ymir, maar toen hij viel, stroomde er zoveel bloed uit zijn wonden dat daarin het hele ras van vorstreuzen verdronk; met uitzondering van één, die met zijn gezin ontsnapte. Hem noemen de reuzen Bergelmir. Hij en zijn vrouw gingen aan boord van zijn ark en redden zich zo. Van hen stammen de nieuwe rassen van vorstreuzen, zoals beschreven:
>
> Talloze winters
> Eer de aarde was gemaakt,
> Werd geboren Bergelmir.
> Deze eerste roep ik voor de geest
> Hoe de sluwe reus
> Veilig in zijn ark lag.
>
> Toen zei Gangleri: "Wat deden de zonen van Bor daarna, je schijnt te geloven dat ze goden waren?" Har antwoordde: "Daarover is niet weinig te zeggen. Zij brachten het lichaam van Ymer in het centrum van Ginungagap en maakten van hem de wereld. Van zijn bloed maakten zij de zeeën en meren; van zijn vlees maakten ze de aarde, van zijn beenderen de rotsen. Van zijn tanden en kaken,

en van de botten die gebroken waren, maakten ze stenen en kiezels. Jafnhar merkte op: Van het bloed dat vrij uit de wonden stroomde, maakten ze de oceaan. Zo maakten zij samen de aarde en eromheen legden ze in een ring de oceaan, zodanig dat het de meeste mensen toescheen dat het onmogelijk was deze over te steken." Thride voegde er aan toe: "Ze namen zijn schedel en maakten daarvan de hemel, en bevestigden deze aan vier zijden boven de aarde. Onder elke hoek zetten ze een dwerg en deze vier dwergen worden Austre (oost), Vestre (West), Nordre (Noord) en Sudre (Zuid) genoemd. Toen namen ze losse gloeiende vonken, die uit Muspelheim kwamen, en plaatsten deze in het midden van de grenzeloze hemel, zowel boven als beneden om de hemel en aarde te verlichten. Ze gaven alle vuren een eigen plaats, en plaatsten die in de hemel. Sommigen konden zich daar bewegen, maar ze kregen wel een vaste baan om te gaan."

De namen van de zonen van Bor worden genoemd in hoofdstuk 6 van de Gylfaginning:

Direct nadat de rijp smolt, sprong daaruit een koe te voorschijn, genaamd Audumla. Vier stromen melk vloeiden uit haar uiers, en daarmee voedde ze Ymir. [...] Ze likte aan de ijsblokken, die zout smaakten; en op de eerste dag dat ze likte, kwam 's avonds uit de blokken het hoofdhaar van een man. Op de tweede dag verscheen het hoofd. De derde dag verscheen de hele mens en hij heette Buri. Prachtig van gestalte was hij, groot en machtig en hij verwekte een zoon genaamd Borr. Die trouwde met Bestla, dochter van de reus Bolthorn. Zij hadden samen drie zonen. Een ervan heette Odin, de tweede Vili en de derde Vé. En ik ben ervan overtuigd, dat hij, Odin, samen met zijn broers, de heersers zijn van hemel en aarde. We weten dat hij zo moet worden genoemd, en zo roepen we hem, wetende, dat hij de machtigste en meest gerenommeerde is, en gij doet er wel aan hem evenzo te noemen.

Nadat dan de aarde met bijna alles erop en eraan was gemaakt, moest die nog met mensen worden bevolkt. Daarover biedt zowel de Proza als de Poëtische Edda een mythe die van bron tot bron enigszins verschilt.

In de Völuspá, een gedicht uit de Poëtische Edda staat hierover:

> Dan kwamen drie goden, sterk en liefdevol,
> van de Azenfamilie naar de wereld;
> op het strand vonden ze daar Ask en Embla
> tot weinig in staat, zonder lotsbestemming.
>
> Ziel noch verstand hadden ze,
> karakter noch leven noch frisse teint;
> de ziel gaf hen Odin, rede gaf Hœnir,
> de levensvonk gaf Lodur, en een goede kleur.

De iets andere mythe staat in de Gylfaginning, in de Proza Edda:

> Toen de zonen van Borr over het strand langs de zee liepen, vonden zij twee boomstammen. Ze namen deze en schiepen daaruit de mensen. De eerste gaf hen geest en leven; de tweede, verstand en voortbeweging; de derde gaf hen de uiterlijke vorm, spraak, gehoor en zicht.

Dat 'eerste', 'tweede' en 'derde' slaat op de volgorde van de zonen van Borr zoals die in het citaat hierboven staan:

> En zij hadden drie zonen. Een ervan heette Odin, de tweede Vili en de derde Ve.

Odin van Lejre, ca. 900.
Odin op zijn troon (Hlidskjalf) met zijn twee raven Huginn en Muninn.

Wodan monument in Hannover

Routeplaats 2:
Odin de oppergod

Het is daarom ook geen wonder, dat in de mythen Odin, de oppergod is, de 'Alvader' van de goden der Vikingen, de heerser van Asgaard, de wereld van de goden. Hij wordt algemeen gezien als de belangrijkste der Noordse goden. Of dit echter ook gold voor het dagelijkse religieuze leven is twijfelachtig. Het is mogelijk dat die zienswijze zich tenminste deels beperkte tot de mythologie en misschien tot bepaalde bevolkingsgroepen. In enige gebieden werd namelijk niet Odin maar Thor als de belangrijkste god vereerd. In andere streken zag de bevolking waarschijnlijk Freyr als hun belangrijkste god. Omdat de naam Odin echter voorkomt in plaatsnamen in Scandinavië zoals bijvoorbeeld in 'Óðinsøy' (Odins eiland) in Noorwegen, 'Odensvi' (Odins schrijn) in Zweden en 'Odense' (Odins heiligdom) in Denemarken, mag ervan worden uitgegaan, dat een daadwerkelijke Odin verering plaatsvond, we weten alleen niet in welke mate.

In elk geval treft men Odin aan in heel veel Noordse mythen; hij wordt in verband gebracht met een achtbenig paard dat Sleipnir heet, met een speer genaamd Gungnir, en met gedaanteverwisseling in andere levensvormen.

Op veel plaatsen in de Poëtische Edda, de Proza Edda en in andere mythologische bronnen wordt naar Odin verwezen in meer dan 200 bijnamen die wijzen op zijn verschillende rollen en handelingen. Er moet hier echter worden opgemerkt, dat in veel gevallen dat niet is gebaseerd op eenduidige aanwijzingen in de Oudnoordse bronnen maar op hedendaagse interpretaties – desondanks worden bijvoorbeeld in de Grimnismál (Lied van Grimnir, een gedicht uit de Poëtische Edda), veel bijnamen van Odin opgenoemd, zoals *Herblindi* (Hij, die het vijandelijke leger met blindheid slaat), *Jafnhárr* (even hoog, gelijke hoogte), *Kjalarr* (sleerijder, of hij die voedt), *Bölverkr* (hij die onheil veroorzaakt) en *Biflindi* (hij die de speer schudt of hij die een beschilderd schild draagt).

Odin wordt gezien als een wijze god. Dat heeft hij vooral te danken aan het water dat hij dronk uit de bron van Mimir waardoor hij de gave van helderziendheid verkreeg. Hij betaalde daarvoor met een van zijn ogen.

Odin woont in Asgaard, de wereld van de familie der Æsir (Azen) goden, waar hij de eigenaar is van twee paleizen. De naam van een ervan wordt in hoofdstuk 17 van de Gylfaginning:

> Bovendien staat daar een prachtige woning genaamd Valaskjalf (hal van de verslagenen) die eigendom is van Odin. Deze is door de goden gebouwd en het dak bedekten ze met puur zilver. De hoge troon bekend als Hlidskjalf staat in een zaal in dit paleis. Wanneer Alvader daarop zit, ziet hij uit over de hele wereld.

Het andere paleis van Odin heet '*Glaðsheimr*' (het verlichte huis), waarin zich de beroemde zaal Walhalla bevindt. Dit wordt eveneens vermeld in het Edda-gedicht Grímnismál, waarin in het begin de paleizen van de goden worden beschreven. Over Gladsheim staat daar:

> Het vijfde paleis wordt Gladsheim genoemd
> waar in goudgeel licht Walhalla zich vredig uitstrekt.
> Elke dag kiest Odin daar
> mannen die zijn gevallen in de strijd.

Zijn rol als oorlogsgod en legeraanvoerder wordt onder andere uitgelegd in de Gylfaginning, een deel van de Proza Edda, waarin aan het eind over de "laatste veldslag" wordt verteld, het verhaal van Ragnarok, de mythe over de ondergang van de goden en de wereld en de opkomst van de Nieuwe Tijd:

> De Æsir en alle Einherjar zullen zich bewapenen en oprukken naar de vlakte. Odin zal voorop rijden. Hij draagt dan een gouden helm, een prachtige maliënkolder en zijn speer Gungnir, en hij zal de strijd aanbinden met de wolf Fenrir. Thór zal aan zijn zijde zijn, maar niet in staat om hem te helpen, want hij zal zijn handen vol hebben met het gevecht met de Midgardslang.

In zijn rol als legeraanvoerder is Odin echter niet gelukkig. In de zojuist beschreven strijd gaat hij ten onder. Hij en veel andere goden sterven daar in de slag.

Lange tijd daarvoor bestreden de twee godenfamilies Æsir en Vanir, de Azen en Wanen, elkaar. Ook daar kon

Odin met zijn leger niet zegevieren. In hoofdstuk 4 van de Ynglinga Saga, een deel van de Heimskringla, wordt die oorlog tussen de Azen, dat zijn de bewoners van Asaland, en de Wanen, de bewoners van Vanaland beschreven. Het eindigt met een vredesverdrag en het uitwisselen van gijzelaars:

> Odin trok met een groot leger ten strijde tegen Vanaland. Daar was men er echter goed op voorbereid, en ze verdedigden hun land zodanig, dat de kansen op de overwinning voor beide zijden zich afwisselden. Ze verwoestten daarbij elkaars land, en richtten grote schade aan. Tenslotte werden ze oorlogsmoe en beide partijen kwamen overeen om in een bijeenkomst over vrede te onderhandelen. Ze sloten er een bestand en wisselden gijzelaars uit. De Vanalanders stuurden hun beste mannen, Njord de Rijke, en zijn zoon Frey. De Asalanders zonden een man genaamd Hœnir, van wie ze dachten dat hij een goede leider zou zijn, omdat hij een sterke en zeer knappe man was. Met hem stuurden ze een man genaamd Mimir die grote wijsheid bezat.

Alleen als je wilt

Wil je weten hoeveel namen
er voor Odin zijn?
Tel dan de vele sterren in
de wolkenloze nacht

Wil je weten hoeveel maskers
een god als Odin draagt?
tel dan de gezichten die je
ziet in een drukke straat.

Wil je weten waar je zoeken
moet naar Odin?
Zet je twijfels dan opzij en
zoek slechts in je hart.

Odin rijdt naar het rijk van de godin Hel

ᚢᛚᚠᚢᛦ ᚼᚢᛦ ᚢᚦᛁᚾ ᚼᚢᛦ ᚺᚢᛏᛁᚢᛦ
ᚺᛁᛅᛚᛒ ᛒᚢᚱᛁ ᛁᛋ ᚢᛁᚦᛅ ᚦᛅᛁᛘᛅ ᚢᛁᛅᚱᚠᛁ
ᚼᚢᛦ ᛏᚢᛁᚱᚠ ᚢᛏᛁᛏ
ᛒᚢᚢᚱ

Boven: de Ribe Rune Schedel
Onder: de runen die op deze schedel zijn gegraveerd.

Routeplaats 3: Odins naam

*Wōdanaz' of '*wōdaz*
'*wōdina' of '*wōdinaz'

In veel vakliteratuur wordt aangenomen dat aan de naam Odin een gereconstrueerde Proto Germaanse oervorm '*Wōdanaz' of '*wōđaz*' ten grondslag ligt. De betekenis ervan kan duiden op begrippen zoals stem, zingen, passie, poëzie, opgewonden of woede.

Andere deskundigen menen tegenwoordig, dat de Proto-Germaanse vormen '*wōđina' en '*wōđinaz' de oudere en oorspronkelijke taalkundige wortels zijn. Deze woorden worden geassocieerd met 'profetie' en 'Ziener-God'.

Er bestaat nog een derde uitleg voor de naam Odin die met die zojuist genoemde twee moeilijk in overeenstemming is te brengen:

Uit ongeveer 720 stamt de waarschijnlijk oudste vermelding van de naam Odin. Op een fragment van een menselijke schedel vond men een runen inscriptie waarop het woord 'uþin' voorkomt. Dat woord wordt geïnterpreteerd als de naam van een god, van Odin.

De schedel werd gevonden bij de Deense stad Ribe en kreeg daarom de naam 'Ribe Rune Schedel' en 'Ribe-cranium'. De ingegraveerde runen stammen klaarblijkelijk uit een overgangstijd tussen het gebruik van het Oude en het Jongere Futhark (runenalfabet) – er komen runen op voor die bij het Jonge of Scandinavische Futhark niet voorkomen.

De transcriptie van de runen luidt:

ulfuR auk uþin auk hutiuR / hialb buris / uiþR / /
þaima uiarki auk tuiR / kuniu .... buur

Hiervoor bestaan verschillende vertalingen. Twee ervan zijn:
1. Ulfur en Odin en Hydyr met Buri's hulp tegen pijn en dwergenhitte

Toelichting:
auk = 'en';
UlfuR = naam van een God die wortelt in het woord 'wolf';
Uþin = *Oþin* = naam van de God Odin;
HutiuR = naam van een God *Hydyr*;
hialb = 'hulp' (imperatief);
Buris (een naam) [of: *hialb* = 'help' (substantief) en Buris = een naam, genitief; samen wordt dat: 'de hulp van Buri'];
uiþR = 'tegen';
þaima = 'dit, deze';
uiarki = 'pijn';
tuiR = 'dwerg';
kuniu = 'knock'; 'klop, tik, klap;
buur = Bur, naam van de runenmeester. Er bestaat wat onenigheid over de betekenis van '*hialb*', dat in het meervoud zou moeten staan omdat er drie godennamen genoemd worden. Maar wanneer wordt geaccepteerd, dat het hier een Drie-eenheid (Triniteit) betreft die om hulp wordt gevraagd, verdwijnt dat probleem.

Het is klaarblijkelijk een toverspreuk die tegen een soort ziekte moet beschermen. Mogelijk de pijn van een gewrichtsontsteking. In het latere Oud-Engels wordt het woord 'dweorh (dwerg) ook voor 'koorts hebben' gebruikt.

2. Ulfr en Odin en Hoge-TiuR. Buri's remedie tegen deze pijn. En de dwerg (is) overwonnen. Bóurr.

Toelichting:
De eerste naam '*Ulfur*' zou een variant kunnen zijn van '*ulfr*': 'wolf', in de context misschien negatief op te vatten. Als alternatief zou het ook de naam van een dwerg kunnen zijn. Voor de middelste naam is Odin de meest voorkomende interpretatie. De laatste naam kan worden geïdentificeerd als Hoge-Tyr, of gewoon Týr. Het woord '*Buri*' kan een naam zijn of een verwijzing naar het geboorde gat in de schedel, of misschien allebei, als een soort personificatie. De dwergennaam *Buur* aan het einde wordt hier in het Oudnoords *Bóurr*, een unieke naam, die parallellen heeft met bekende dwergennamen uit de Edda, zoals *Bomburr* en *Bafur*.

Hoewel het speculatief is, is het schedelfragment wellicht speciaal ontworpen om een pijn in het hoofd tegen te gaan, een migraine of een psychologische kwaal. Dit zou in elk geval goed passen bij het gebruik van een schedel fragment als medium voor de inscriptie.

Wanneer de naam '*uþin*' taalkundig verwant is met het Oudnoordse woord '*ūði*': 'vuur', dan kan, tenminste in de achtste eeuw, Odin in verband worden gebracht met vuur.

De taal die in Scandinavië in die tijd werd gesproken heet 'Oernoords', waarschijnlijk in een overgangsperiode naar het Oudnoords, waarschijnlijk was het al een vroege vorm van dat Oudnoors. De vroege Odin-naam '*u*þ*in*' lijkt niet gerelateerd aan het Proto-Germaanse '*wōđaz**' (of '**wōđina*' / '**wōđinaz*').

De suggestie dat de beide woorden '*u*þ*in*' en '**wōđaz**' zouden zijn afgeleid van een Europese vorm van het Indo-Europese woord '**wat*', dat vertaald kan worden met 'aan- of wegblazen', 'aanwakkeren', in een metaforische zin 'inspireren', hetgeen dan weer zou zijn gerelateerd aan het Oud-Indische '*vátati*', is op zijn best een ijl vermoeden, waarschijnlijk gebaseerd op de wens naar een consistente etymologische afleiding. Misschien is een dergelijke veronderstelling zelfs wel juist, maar dat kan niet afdoende worden gestaafd, hoewel het vaak wordt gebracht als een hard feit.

Misschien omdat de naam '*u*þ*in*' te veel inconsistenties inhield om een taalkundige ontwikkeling naar een Oudnoords *Óðinn* acceptabel te maken, werd een 'oplossing' gevonden door een denkbeeldig Oernoords '**Wodin*' te suggereren.

Omdat de kennis van het Oernoords op zich al in een zeer hoge mate hypothetisch is, is deze '**Wodin*' veronderstelling nogal ongeloofwaardig. Des te meer, omdat wordt aangenomen dat het Oernoords zich waarschijnlijk niet wezenlijk van het Proto-Germaans onderscheidde, waardoor de gevonden Oernoordse naam '*u*þ*in*' niet echt compatibel is met de Proto-Germaanse woorden '**wōđina*' en '*wōðinaz'; woorden die worden geassocieerd met' 'profetie' of' 'Ziener-God'.

De taalkundige herleiding van de Oudnoordse naam Odin blijft daarom twijfelachtig.

Wodan

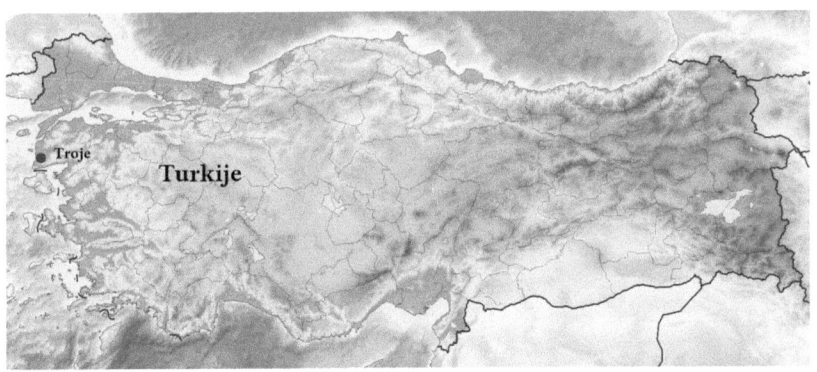

Boven: Opgegraven resten van de muren van Troje.
Onder: De plaats waar Troje ooit lag.

Routeplaats 4:
Odin en Troje

Ken je die plaats?

Het weten dat we kregen
wordt hier niet verzwegen;
dat op zijn vele wegen
hij ook in Troje was.

Dat heette toen ook Asgaard,
staat niet op de wereldkaart,
en is goddelijk van aard,
Ik was er nog zopas.

Het was dan ook geen wonder,
dat Troja ging tenonder
ze moesten het doen zonder
Odin's godenras.

Het is een wijd verspreide en geaccepteerde zienswijze, dat vooral Noord-Europese historici uit de Middeleeuwen fictieve historische personages en verhalen uit Noord-Europa vermengden met de geschiedenis van het zuidelijker Europa zoals ze die kenden. Dat werd dan gepresenteerd als een samenhangend continu historisch proces waarin het 'Noordse volk' een prominent leidende rol speelde.

Een goed voorbeeld van die werkwijze is de proloog van de Proza Edda. De schrijver Snorri Sturluson bedt daarin Noordse mythen in een Europese 'historische' context waarin de Noordse goden en hun nakomelingen afstammen van de bewoners van het Troje uit de Griekse mythologie. Hoofdstuk 3 van die proloog vertelt:

> Dichtbij het middelpunt van de wereld werd in het land dat wij Turkland noemen de meestberoemde nederzetting gebouwd die bekend stond als Troje. Deze stad was veel groter dan alle andere en in veel opzichten veel kunstzinniger en vaardiger gebouwd met veel inzet en middelen die daar voorhanden waren. Er waren daar twaalf koninkrijken en een hoogkoning en elk rijk bestond uit vele landen. In de stad zelf leefden twaalf machtige mannen. Deze vorsten overtroffen alle andere mensen waar die ter wereld ook woonden in alle menselijke deugden. Een van de koningen daar heette Munon of Mennon. Hij was met Troan getrouwd, de dochter van de hoogkoning Priamus. Zij hadden een zoon die Tror heette, maar die wij Thor noemen. Voor zijn opvoeding was hij in Thracië aan het hof van Hertog Lorikus. Toen hij tien jaar oud was, kreeg hij de wapens van zijn vader. Vergeleken met andere mensen was hij prachtig gebouwd, zo mooi als in eikehout ingelegd ivoor. Zijn haar glansde nog meer dan goud. Op twaalfjarige leeftijd was hij al in het bezit van zijn volle lichaamskracht en kon op

deze leeftijd al tien berenvellen in één keer van de grond optillen. Toen sloeg hij zijn pleegvader Hertog Lorikus en diens vrouw Lora of Glora dood en nam hun rijk Thracië dat wij Thrudheim noemen, in bezit. Daarop ondernam hij verre reizen en leerde alle delen van de wereld kennen. Helemaal in z'n eentje overwon hij alle berserkers en reuzen, de geweldigste onder de draken en vele wilde dieren. In de noordelijke helft van de wereld ontmoette hij de zieneres Sybille die wij Sif noemen en trouwde met haar. Over de familie van Sif kan ik niets vertellen, maar zijzelf was de mooiste van alle vrouwen. Ze had haren als goud. Hun zoon noemden ze Loridi en deze leek op z'n vader. Loridi's zoon was Einridi, zijn zoon wederom Wingethor; dan volgden Wingener, Moda, Magi, Seskef, Bedwig, Athra die wij Annan noemen, Itrman, Herenod, Skjaldun die bij ons Skjöld heet, Biaf die wij Bjar noemen, Jat, Gudolf, Finn, Friallaf die wij Fridleif noemen. Die laatste had een zoon, die Wodan werd genoemd en bij ons Odin heet. Aan wijsheid en bekwaamheid in alle dingen stak hij boven iedereen uit. Zijn vrouw heette Frigida die wij Frigg noemen.

Het feest der goden in Ægirs zaal.

Routeplaats 5: Odin en Ægir

Ægir wordt meestal omschreven als een 'zeereus', vaak ook een 'zeegod' of 'god van de oceaan'. Zijn naam betekent waarschijnlijk zowel 'zee' als ook 'zeereus'. Hij is de heerser van de zeeën en oceanen en van alle wezens die daarin leven.

In de Skáldskaparmál, een deel van de Proza Edda, wordt verteld over een bezoek dat Ægir aflegt aan de Azen in hun wereld Asgaard. Wanneer de Azen vernemen dat hij onderweg is, besluiten ze een zo machtig heerser te imponeren en door middel van tovenarij richten ze hun omgeving zo in, dat die een weelderige rijkdom voorspiegelt.

> Er was een man die Ægir of Hler heette. Hij woonde op het eiland dat nu Hlesey heet, en was zeer bedreven in magie. Eens begaf hij zich op weg om naar Asgaard te reizen. De Æsir wisten dat hij zou komen en zij ontvingen hem eervol. Maar veel van wat ze hem toonden was gevormd door middel van toverspreuken en vormveranderingen. 's Avonds, toen het tijd was om wat te drinken, liet Odin zwaarden in de zaal brengen. Deze schenen zo helder dat er geen andere vorm van verlichting nodig was voor het drinkgelag.

De illusie, die Odin en de andere Azen aan Ægir voorspiegelen, heeft succes. Enige regels verderop in dezelfde tekst staat:

Om zich heen kijkend in de zaal vond Ægir het er allemaal fantastisch uitzien. Over de tegels aan de wand hingen prachtige schilden en van de heerlijk ruikende mede werd rijkelijk gedronken.

Ode aan de mede

De goden zijn geprezen
voor de honingwijn,
de drinkhoorn hoog geheven.
je voelt je sterk en fijn.

Al snel voer je het hoogste woord,
voor nog een hoorn doe je een moord,
je zingt en danst maar uren later,
in 't morgenlicht ontwaakt de kater.

De tijd verstrijkt,
    kom op, 't is nacht,
de kater slaapt,
    de mede wacht.

Routeplaats 6: Odin en Rinda

Rinda komt in de Proza Edda, in de Poëtische Edda, in de Gesta Danorum en in de poëzie der skalden voor. In de Proza Edda, aan het begin van de Skáldskaparmál, wordt ze in een strofe genoemd:

> De landwinner, die het zeil hijst,
> eert de schenker van de fjord der goden
> met een hoofdband.
> Ygg wint Rindr met behulp van magie.

Interpretatie:
– fjord der goden: mede der poëzie, bedoeld is een gedicht.
– schenker: een skald
– De heerser beloont de skald met een gouden diadeem.
– Odin wint Rinda met behulp van magie.

Dat couplet heeft de schrijver Snorri Sturluson geciteerd uit de '*Sigurðardrápa*' (omstreeks 960), een skaldisch lofgedicht, opgedragen aan de Noorse edelman Sigurd Haakonsson. Het werd geschreven door Kormákr Ögmundarson (ca. 930 – 970). 'Magie' is hier de vertaling van het Oudnoordse begrip *Seið* (Seid, Seidhr) – de Oudnoordse tekst van de laatste zin luidt: *Seið Yggr til Rindar*.

In het gedicht *Baldrs draumar* (De dromen van Balder) uit de Poëtische Edda worden in het kort een paar meer bijzonderheden van dezelfde gebeurtenis genoemd:

> Rindr zal in de hallen van het westen Vali baren.
> Deze zoon van Odin zal, slechts één nacht oud, vechten;
> Hij wast zijn handen niet, hij kamt zijn haren niet, totdat hij de schutter die Balder doodde, naar de brandstapel draagt.

Uitvoeriger wordt dit verteld in een andere bron voor Noordse mythen, de GESTA DANORUM (Latijn voor: De daden der Denen). Dat is een meerdelig werk dat zo rond 1200 werd geschreven door de Deense monnik en historicus Saxo Grammaticus. (ca. 1150 – ca. 1220). De eerste negen delen van dat werk worden tot de mythologie gerekend, de andere kunnen als geschiedenis worden gezien. Daarin komt het verhaal voor over Othin die na de dood van zijn zoon Balderus op wraak zon. Een tovenaar zei hem, dat hij een zoon moest verwekken bij de koningsdochter Rinda. Die zoon zou dan, wanneer hij volwassen was, zijn gedode halfbroer wreken.

Echter, Odins hofmakerij aan Rinda mislukte faliekant. Ze wilde niets van hem weten. Daarom nam hij z'n toevlucht tot tovenarij en bracht haar in een staat van tijdelijke waanzin en gebruikte die toestand om een kind bij haar te verwekken. Die daad was klaarblijkelijk voor de andere goden de laatste verwerpelijke druppel die de emmer deed overlopen, want het verhaal vertelt dan:

> Maar de andere goden, wier hoofdzetel destijds in Byzantium (Asgaard) stond, waren van mening dat Odin de reputatie van de goden had bezoe-

deld en schade had toegebracht aan zijn verheven positie en daarom uit hun midden moest worden verwijderd. Niet alleen ontnamen ze hem zijn leiderschap, maar ook het eerbetoon en de aanbidding die hem voorheen ten deel vielen.

Nadat de zoon, die Bous werd genoemd, was opgegroeid, en Odin was teruggekomen en al zijn functies weer had opgenomen, vervolgt het verhaal in de Gesta Danorum:

> Toen Odin alle tekenen van zijn goddelijke status had herwonnen, bescheen hij de wereld met zo'n glans van roem, dat hij in alle landen werd verwelkomd alsof hij het licht in het universum had hersteld. En er was geen plek op aarde te vinden, die geen hommage bracht aan zijn macht. Toen hij merkte, dat Bous, zijn zoon die hij bij Rinda had verwekt, werd aangetrokken door de oorlog met al zijn ontberingen, riep hij hem bij zich. Hij vroeg zijn zoon om de moord op zijn broer niet te vergeten en voegde eraan toe, dat het beter was om wraak te nemen op de moordenaars dan deze op het slagveld te verslaan. Maar oorlog voeren was het meest geschikte middel als openingszet om een heilig doel te bereiken, een openingszet voor de gezochte wraakneming.

Rinda's klaagzang

Gebruikt, misbruikt,
ten dienste van de wraak,
een wreker baren
dat zag hij als mijn taak.

Gebruikt, misbruikt,
mijn wil werd genegeerd
niet ik, maar wraakzucht
werd zo hoog geëerd.

Gebruikt, misbruikt,
onder een toverban
drong hij in mijn schoot
die wraakbeluste man.

Routeplaats 7: Odin en Frigg

In de introductie van de *Grímnismál* (Het lied van Grimmir), een gedicht uit de Poëtische Edda, wordt verhaald over een weddenschap tussen Odin en zijn vrouw Frigg, waarin de laatstgenoemde de godin Fulla te hulp vraagt om de weddenschap te winnen.

Eens zaten Odin en Frigg samen op *Hlidskialf* (plaats of zetel van mededogen):

Odin en Frigg zaten op Hlidskjalf en keken uit over de wereld. Odin sprak: "Zie je daaginds hoe Agnar, jouw pleegzoon in een rotshol kinderen met een reuzin verwekt? Maar dan Geirrod, mijn pleegzoon, die is koning en heerst over een land." Frigg antwoordde: "Hij is echter zo gierig met het eten, dat hij zijn gasten gewoonweg kwelt wanneer hij van mening is, dat er teveel zijn." Daarop zei Odin dat dat een grote leugen was. Daarover sloten die twee een weddenschap af.

Kort daarna stuurde Frigg haar dienares Fulla naar Geirrod met de boodschap dat de koning erg moest oppassen voor een tovenaar die in zijn land was gekomen, hij zou de koning willen beheksen. De man zou eraan te herkennen zijn, dat zelfs de meest bijtgrage hond hem niet wilde aanspringen.

Het verhaal vervolgt er dan mee, dat koning Geirrod de tovenaar Grimmir (die inwerkelijkheid Odin is) gevangen laat nemen en martelen. Hij krijgt dan inderdaad geen eten en drinken. Maar Geirrod's zoon geeft hem echter wel te drinken en daarop vervolgt het gedicht:

> Acht lange nachten verdroeg ik het vuur
> en niemand die mij spijs aanbood,
> behalve Agnarr, Geirrod's zoon
> die alleen heersen zal
> over het land der Goten.
>
> Voorspoed voor jou Agnar,
> heil, geschonken door
> de machtigste god der mensen.
> Nooit zul je voor een dronk
> een grotere beloning krijgen.

Frigg moet een moeilijke tijd hebben gehad toen men dacht dat haar man voorgoed was verdwenen. Eens, toen Odin heel lange tijd ver weg was, meenden de andere goden, dat hij nooit meer terug zou komen. In hoofdstuk 3 van de Ynglinga saga wordt daarover verteld:

> Othin had twee broers. De een heette Vé en de ander Vili. Deze beiden regeerden in Odins afwezigheid het rijk. Op een keer toen Odin heel ver was gereisd, bleef hij ook zo lang weg, dat de Æsir dachten dat hij niet meer terug zou keren. Toen begonnen de broers zijn erfenis te verdelen. Maar zijn vrouw Frigg deelden ze. Echter, korte tijd later

kwam Odin weer thuis en nam zijn vrouw van hen terug.

In de Poëtische Edda, aan het begin van het gedicht *Vafþrúðnismál* (Lied van Wafthrudnir), vraagt Odin zijn vrouw Frigg om raad. Ze adviseert hem ook.

> Wat raad je mij Frigg?
> Ik zou op weg willen gaan
> om Wafthrudnir op te zoeken,
> want ik zou graag willen weten
> of mijn eigen wijsheid het met
> die van de reus op kan nemen.

> Mijn krijgsheer,
> je kunt beter hier blijven
> in de tuin van de goden.
> Want van alle reuzen
> acht ik Vafthrudnir
> de machtigste.

Maar Odin volgt haar raad niet op en wil toch gaan. Frigg ziet in, dat ze hem niet kan overhalen en zegt dan:

> Vertrek in goede gezondheid
> en kom ook gezond weer terug.
> Moge je reis succes hebben
> Alvader, en je wijsheid je
> niet in de steek laten wanneer
> je je met de reus meet.

Frigg zal haar echtgenoot tenslotte verliezen. In de Proza Edda, in de Gylfaginning, waarin wordt verhaald over de ultieme veldslag bij Ragnarök, staat daarover:

Dan voorvoelt Hlin een tweede verdriet
wanneer Odin zijn strijd met de wolf begint
en de stralende doder van Beli aantreedt tegen Surt.
Daar zal Friggs geliefde vallen.

De wolf is de Fenriswolf en 'de stralende doder van Beli' is de god Freyr. Zowel Odin als ook Freyr vallen hier in de strijd. Het is niet bekend, of Frigg haar echtgenoot overleeft.

Odin vraagt Frigg's mening over zijn bezoek aan Wafthrudnir

Routeplaats 8: Odin en Gefjon

Kies je weg

Kom naar mijn schrijn en steen
wanneer je niet verder weet
en goede raad duur is.

Je toekomst kan ik onthullen,
wanneer je echt wilt weten
hoe het je zal vergaan.

Neem daarna voldoende tijd,
voel, denk en beslis
welke weg je kiest.

Verlaat dan mijn heiligdom;
je toekomstkennis vervaagt
maar jouw besluit blijft.

In de Lokasenna, een gedicht uit de Poëtische Edda, neemt Loki tijdens een feest in de grote zaal van de zeegod Aegir de aanwezige goden op de korrel en onthult vele persoonlijke geheimen der goden. Wanneer hij in zijn twistrede op verzoenende woorden van Gefjon bijtend antwoordt, neemt Odin haar in bescherming en zegt tegen Loki, dat hij maar beter kan oppassen, daarbij wijzend op Gefjon's kennis van de toekomst.

En in de Ynglinga Saga, deel van de Kronieken van de koningen van Noorwegen, wordt Gefjon er door Odin op uit gestuurd om nieuwe gebieden te ontdekken. Hoofdstuk 5 van die saga vertelt hierover:

Van het noordoosten naar het zuidwesten ligt een hoge bergketen die Groot-Zweden van de andere rijken scheidt. Ten zuiden van dit gebergte is het niet ver meer naar het Turkenland. Daar bezat Odin uitgestrekte gebieden. In die tijd trokken de Romeinse aanvoerders in de wereld rond tot in afgelegen gebieden en onderwierpen er alle volken. Vanwege de oorlogsdreigingen vluchtten veel heersers uit hun landen. Omdat Odin echter kennis van de toekomst had en een tovenaar was, wist hij, dat zijn nakomelingen over het noordelijke deel van de aarde zouden heersen. Hij stelde daarom zijn broeders Vé en Vili als heersers over Asgaard aan en trok weg met de andere goden en een grote groep van zijn volk. Eerst trokken ze westwaarts naar Gardarike (een gebied dat vroeger meerdere Oost-Europese landen en een zuidelijk deel van Rusland omvatte) en dan zuidwaarts naar het Saksenland. Hij had veel zonen en nadat hij grote gebieden in het Saksenland had veroverd, stelde hij enige zonen als heersers daarover aan. Zelf trok hij noordwaarts, naar de zee en richtte zijn woonverblijf in op een eiland. Die plaats heet Odense en het eiland Funen.
Toen stuurde hij Gefjon erop uit om aan de over-

kant van de Sont nieuw land te vinden. Daar ontmoette ze koning Gylfi en hij schonk haar een stuk land dat acht ossen in een vastgestelde tijd konden omploegen. Ze ging daarop naar Jotunheim en kreeg daar van een reus zijn vier zonen mee. Die veranderde ze in ossen en spande ze voor de ploeg. Ze ploegde het land ermee naar het westen tot in de zee waar tegenover het land van Odin lag. Dat land werd Zeeland genoemd. Daar bleef ze ook wonen. Ze trouwde met Skjöld, een zoon van Odin en hun verblijfplaats heette Lejre. De bard Bragi dichtte hierover:
Het was nadat Gefjon Gylfi verliet
en nieuw land toevoegde aan Deens gebied --
Zo ijverig voerde zij de ploeg,
dat damp van het juk ossen sloeg.
Vier ossen voorop, alle acht op hun hoofd een ster,
helder glanzend bij het ploegen diep en ver.
Nieuw land onttrokken ze aan de zee
en vergrootten er het lieflijke eiland mee.

Een bijna identiek verhaal plus kort gedicht komt ook voor in de Proza Edda, in de Gylfaginning. Maar terwijl het bovenstaande wijst op het Deense eiland Seeland (Sjælland) ziet Snorri Sturluson, de auteur van de Proza Edda het gebeuren in het zuidwesten van Zweden.

"Gefjon ploegt"
De Gefjon fontein in Kopenhagen

Routeplaats 9: Odin en Mimir

Mimir's bron

't Was in een droom
die ik beleefde,
dat ik zweefde
naar de boom.

Nacht werd dag
en maan werd zon,
het was bij Mimir's bron
dat ik Odin zag.

In de Gylfaginning wordt verteld hoe Mimir zo'n wijze god werd. Op de vraag waar de belangrijkste verblijfplaats en heilige plaats van de goden zich bevindt, wordt als antwoord gegeven:

Dat is bij de es Yggdrasil, daar houden de goden hun dagelijkse zitting.
    Daarop vroeg Gangleri: "Wat is te zeggen over die plek?"
    Jafnhárr antwoordde: "De es is de grootste en beste van alle bomen. Haar takken spreiden zich uit over de hele wereld en strekken zich tot in de hemel. Drie brede en lange wortels ondersteunen haar. Een ervan ligt bij de Azen, een ander bij de Rijpreuzen, daar, waar eertijds de gapende leegte

Ginnungagap was. De derde reikt tot in Nifelheim, en onder die wortel is de bron Hvergelmir en Nidhoggr knaagt daar de wortel van onderen aan.

Maar onder de wortel bij de Rijpreuzen ligt Mimir's bron waarin wijsheid en begrip verborgen zijn. Deze bron behoort aan Mimir die zelf ook heel wijs is, want hij drinkt het bronwater uit de Gjallarhoorn. Eens kwam Alvader daar en vroeg om een dronk uit de bron. Maar hij kreeg niets totdat hij zijn oog als onderpand gaf.

In de Poëtische Edda, in het gedicht de Völuspá, waarin een zieneres de toekomst openbaart, wordt hierover nog iets verteld:

Ik weet dat Odins oog is verborgen
in de beroemde bron van Mimir.
En deze drinkt elke morgen mede
uit Odins onderpand.

Toen Asaland en Vanaland hun oorlog beëindigden, wisselden ze gijzelaars uit. Mimir was een van de Azen die naar Vanaland werden gezonden. De Ynglinga saga, een deel van de Heimskringla, vervolgt dan:

De Vanalander kregen het vermoeden dat de Asalanders hen hadden misleid bij de uitwisseling van gijzelaars. Daarom onthoofdden ze Mimir en stuurden zijn hoofd naar Asaland terug. Odin nam het hoofd en wikkelde het in kruiden, zodat het niet kon verwezen, en hij zong er bezweringen over. Daardoor gaf hij het hoofd het vermogen om tegen hem te spreken, en het onthulde hem veel geheimen.

Odin raadpleegt Mimir

Mimir onthoofd

Niet alleen wijze raad en geheimen kreeg Odin van Mimir's hoofd, maar ook kennis van de runen. Dat geeft tenminste het heldengedicht *Sigrdrífumál* (spreuken van de zegebrenger) uit de Poëtische Edda aan:

> Op een berg stond hij (Odin),
> met Brimir's zwaard,
> de helm droeg hij op z'n hoofd.
> Toen sprak Mimir's hoofd
> een woord van wijsheid
> en sprak ware runen.

Zelfs kort voor de veldslag op Ragnarök, waar de meeste goden en de aarde ondergaan, zoekt Odin nog een laatste raad bij het hoofd van Mimir. De Völuspá vermeldt:

> De zonen van Mimir spelen,
> het tijdstip van doem nadert,
> bij de oude Gjallarhoorn
> waarop Heimdal luid blaast,
> de hoorn hoog geheven.
> En Odin spreekt met
> Mimir's hoofd.

Routeplaats 10: Odin en Kolna

Colna's lied

mijn hart bestaat uit bloemen,
zo rijk aan vele kleuren,
en kom je dichterbij,
dan speur je ook hun geuren,

dan ben je in mijn hart,
geniet ervan mijn lief,
mijn armen om je heen,
ik ben je hartedief.

De naam Kolna of Colna als een godin komt niet voor in bronnen uit de klassieke Oudheid, niet in de Noordse mythologie en evenmin in christelijke werken uit de Middeleeuwen. De naam duikt pas op in het Duitse literaire tijdschrift 'De Duitse Mercurius' (Der teutsche Merkur), dat verscheen in de jaren 1773 tot 1789. Samengevat wordt daarin in de uitgave van september 1789 verteld:

Volgens de mythe was Colna door Odin uit het Walhalla verbannen omdat ze een andere god had verleid zonder dat er daarbij liefde in het spel was. Ze moest op de aarde leven en had de gedaante gekregen van een afstotelijk uitziende oude vrouw. Haar verblijfplaats was het Harz gebergte, waar in een andere tijd ook de god Krodo woonde.

Ze experimenteerde daar met het bestuiven van allerlei bloemen en bracht zelfs op die manier bomen en kleine bloemen samen en was heel verheugd over haar mooie en grappige 'kinderen'. In dat gebied kwamen planten voor, die in die tijd nergens anders groeiden, zoals het geelbloeiende, grootbloemige vingerhoedskruid (Digitalis ambigua). Tijdens haar werk zong Colna voortdurend met haar prachtige stem, die z'n jeugd had behouden. Dat hoorde een jonge herder en natuuronderzoeker. In het begin walgde hij van haar uiterlijk, maar in de volgende tijd, toen ze hem de geheimen der planten leerde, kwamen ze elkaar nader. Op hetzelfde moment dat ze ontdekten, dat ze elkaar liefhadden, verdween ze voor zijn ogen. Ze arriveerde weer in het Walhalla en had haar vroegere, prachtige gedaante ook weer terug. De vele tranen die ze huilde door het verlies van haar geliefde veranderde het gebied rondom de berg de Brocken in de Harz in een moeras.

Het voornoemde tijdschrift had ten doel om bij te dragen aan de verbreiding van kennis gedurende het tijdperk van de Verlichting. Dat betekent waarschijnlijk, dat deze mythe niet een door de auteur gecreëerd stukje fictie was, maar dat hij zich beriep op een oudere bron. Die geeft hij ook inderdaad kort aan, zonder echter expliciet de naam ervan noemen. Wanneer hij inderdaad zo'n oudere bron gebruikte, dan kan het niet worden uitgesloten, dat de auteur een veel kortere mythe of een notitie vond, die hij verfraaide tot een veel langer en gedetailleerd verhaal waarvan hij de details zelf bedacht. Maar de mogelijkheid van pure fictie is ook zeker aanwezig.

Kolna

Odin ziet toe

Routeplaats 11: Odin en Mithothin

Offerande

Dat ene offer
van hen die ons vereerden,
was voor elk van ons
een klein beetje.

Hen leerde Mithothin:
een offer voor elke god apart,
brengt mens en godheid
nader, weetje.

In het eerste deel van Saxo Grammaticus' Gesta Danorum (De daden der Denen), wordt verteld over een tijd, dat Odin zich had teruggetrokken, omdat hij zich schaamde voor de schande die zijn vrouw Frigg over hem had gebracht. De tekst hierover uit dit boek luidt:

> Daarom voelde Odin zich gekwetst door deze dubbele ontucht van zijn vrouw, boos over de schade die zij had toegebracht aan zijn imago en aan hun huwelijk. Hij voelde zich onteerd en ging vol oprechte schaamte in ballingschap om te proberen om zich op die manier van de smet te ontdoen.
> Nadat Odin zich had teruggetrokken, verscheen er ene Mitothin, die bekend stond vanwege zijn

jongleertrucs. Hij zei door hogere machten aangewezen en geïnspireerd te zijn en greep de gelegenheid aan de rol van een god in te nemen. In dat duistere uur vormde hij de gedachten der barbaren met zijn tover, door hen zijn naam in te prenten en deze als heilig te vereren. Hij leerde de mensen, dat de toorn der goden niet kon worden gestild en misdrijven niet konden worden verzoend door offers aan de goden in het algemeen. Hij verbood die verering en legde de verering en pleng offers vast voor elke godheid apart.

Volgens deze tekst introduceerde Mitothin dus een nieuwe vorm van verering; offerrituelen voor alle goden als een groep werden afgeschaft en deze rituelen werden nu voor elke god en godin apart geïntroduceerd. Dit betekende een opwaardering van de eigenheid en bevoegdheden van elke godheid.

Toen Odin terugkeerde, vluchtte Mitothin en werd daarop tweemaal ter dood gebracht. Klaarblijkelijk hebben we bij Mithothin dus inderdaad met een god te doen; zoals we weten van andere goden is de dood onder hen niet zo definitief als voor een mens.

Er wordt aangenomen, dat bij de oude manier van aanbidding van alle goden samen met Odin als de hoogste onder hen, de laatstgenoemde daardoor een goede greep had op de hele cultus. Het nieuw ingevoerde systeem betekende, dat de andere goden veel meer onafhankelijk werden van Odin. Ze kregen hun eigen cultussen onder de mensen. Een andere zienswijze die hierop voortbouwt, ziet in het oude offersysteem een bron van ontevredenheid onder de goden en brengt het ook in verband met de oorlog tussen de Azen en de Wanen; de laatsten zouden hebben aangedrongen op het bestaan van hun eigen, individuele cultussen.

Die theorie, waarbij sprake was van een smeulende ontevredenheid onder de goden, wordt zelfs in verband gebracht met de oorlog tussen de Æsir en Vanir; de laatste zouden hebben aangedrongen op hun eigen individuele verering.

Er bestaan drie verklaringen voor de naam Mitothin, alle zijn slechts speculaties:
- 1. De naam wordt in verband gebracht met het Oudnoordse woord '*mjǫtuðr*': 'bestemmer van het lot', 'noodlot', 'dood'. Dit wordt ook wel geïnterpreteerd als een soort onpersoonlijk, afstandelijke en meervoudige almacht.
- 2. Er wordt een verbinding gezien met de Oudnoordse termen '*meðal*' en '*miðr*: 'midden', 'in het midden'., 'tussentijds'. De naam wordt dan gezien als *miðr Óðinn* – tussentijdse Odin.
- 3. In een wat oudere opvatting wordt het eerste deel van de naam in verband gebracht met het Oudindische woord '*mithu*' en het Oudnoordse '*miss*'; 'verkeerd', 'vals' – dus een 'valse Odin'.

Skadi

Routeplaats 12: Odin en Skadi

Nadat haar vader, de reus Thjazi bij een uiteenzetting met enige Azengoden werd gedood, trok Skadi eropuit om hem te wreken. Ze stelde enige eisen ter compensatie en deze werden ingewilligd. Één ervan was, dat Odin Thjazi's ogen nam deze aan de hemel plaatste en er sterren van maakte, aldus het boek Skáldskaparmál in de Proza Edda.

In de Ynglinga saga, een deel van de Heimskringla wordt vermeld:

> Njord trouwde met een vrouw genaamd Skadi; maar ze zou haar leven niet lang met hem delen en later trouwde ze met Odin, en had vele zonen van hem, één ervan heette Saeming. De dichter Eyvind die als bijnaam Skaldenbederver droeg, dichtte hierover:
>
> Een trotse zoon
> schonk de
> reuzenvrouw aan
> Odin toen deze
> vriend der krijgers
> in Mannheim
> ging wonen.
>
> Met Njörds vrouw leefde
> hij daar en bij deze Skadi,
> de Disa der Skilopers

en dochter der bergen
verwekte Odin
vele zonen.

In een ooghoek

In koude tijden,
wanneer het vriest, sneeuwt
en de bomen slapen,
betreedt dan beschroomd
bos of berg.
Ga voorzichtig,
maar sla je ogen neer
wanneer je heel kort
in een flits
wit gekleed
en met gouden haren
de boogdrageres ziet,
reuzengodin, wintergodin,
ski- en jachtgodin;

Gezegend ben je,
jouw menselijke ogen
mochten Skadi zien.
de beschermvrouw van
alleenstaande ouders,
en ideaal voor
innerlijke schoonheid.

Routeplaats 13: Odin en Sæming

Bij de vorige routeplaats werd al vermeld, dat Sæming een zoon van Odin en Skadi is.

In de Proza Edda wordt deze familieband bevestigd. In het laatste deel van de proloog staat, nadat Odin zich een rijk in Zweden had opgebouwd:

Daarna trok hij verder naar het noorden, zover, totdat hij de zee bereikte waarvan allen geloofden, dat het de grens was van alle land. Daar stelde hij zijn zoon aan over het land, dat nu Noorwegen heet. Men noemt hem Sæming en de koningen van Noorwegen zien in hem de stamvader van de dynastie.

De IJslandse Halfdan Saga (*Hálfdanar saga Eysteinssonar*) vermeldt deze zoon van Odin eveneens. In hoofdstuk 1 van die saga, waarin de lijn van de Halfdan koningen wordt beschreven is te lezen:

De koning heette Thrand. Thrandheim in Noorwegen is naar hem genoemd. Hij was de zoon van koning Sæming die zelf een zoon van Odin was en Halogaland regeerde. Sæming was getrouwd met Nauma naar wie het Naumadal is vernoemd.

Het is bevreemdend, dat de IJslandse historicus Snorri Sturluson (1179 - 1241) in de Ynglinga saga schrijft, dat Sæming een zoon van Odin is, maar dat hij in het voorwoord van diezelfde Heimskringla zegt dat Freyr zijn vader was.

> Eyvind Skaldaspiller telt in zijn gedicht 'Haleygjatal', dat over Hakon de Grote gaat, de voorouders van Hakon op. Daarin noemt hij Sæming een zoon van Yngvy-Frey, en hij ook vertelt over de dood en begrafenisrituelen van elk.

Desondanks mag Sæming wel als een zoon van Odin worden gezien en de skald Eyvind Skaldaspiller zal het wel mis hebben gehad, want Sturluson noemt hem nog een tweede keer in zijn Proza Edda. In de Thulur (*Nafnaþulur*), een deel van het hoofdstuk Skáldskaparmál (De taal van de poëzie) staat een couplet, waarin de zonen van Odin worden opgesomd. Hierin wordt Sæming als laatste genoemd.

Sæmingr

Routeplaats 14: Odin en Saga

De Azengodin Saga wordt tweemaal in de Poëtische Edda en ook tweemaal in de Proza Edda genoemd.

In het Poëtische Edda gedicht Grímnismál, waar enige coupletten de woningen van de goden beschrijven vertelt Grimmir (dat is in werkelijkheid Odin), over de woonstede van Saga:

**Sökkvabekk is de vierde,
daar waar de koele golven ruisen;
welgemoed drinken daar elke dag
Odin en Saga uit gouden bekers.**

Sökkvabekk wordt vaak vertaald als 'verzonken (zit)bank' of als 'schat bank' (schatkist).

In het Poëtische Edda gedicht *Helgakviða Hundingsbana I*, (Het eerste lied van Helgi de Hundingsdoder) noemt de held Sinfjötli Sága in de naam van een locatie:

**Op Saganes hadden we negen wolven
verwekt en ik alleen was de vader.**

Voor de naam van die locatie (Oudnoords: *nes Ságu*) worden als mogelijke betekenissen genoemd: Saga's kaap, Saga's landtong en Saga's voorgebergte. De discussie of dat nu in Denemarken of in Zweden zou hebben gelegen heeft niet tot overeenstemming geleid.

Odin en Saga

Het Proza Edda deel Gylfaginning vermeldt in hoofdstuk 5 over Saga:

Gangleri vroeg: Welke zijn de Azinnen?
De Hoge (Odin) antwoordde: "Frigg is de edelste. Haar woonverblijf heet Fensalir en is uitermate prachtig. Een andere Azin is Saga. Zij woont in Sökkwabekk en dat is een groot landgoed."

Een tweede maal wordt ze in de Proza Edda vermeld in de tevoren al genoemde Thulur, het laatste deel van de Skálskaparmál in de opsomming van de Azinnen dat vijf strofen omvat. In de tweede strofe komt Saga's naam voor.
Voor de naam van deze godin circuleren twee verklaringen:
- het zou verband houden met het Oudnoordse woord 'saga': verhaal, verslag, en met 'segja': vertellen, informeren.
- Het zou afgeleid kunnen zijn van het Oudnoordse 'sjā': zien, zicht en hangt mogelijk samen met het Germaanse '*sehwan': aanvoelen, voelen, opmerken, zien, aantonen, te vertellen.

Bij de eerste interpretatie die ook het meest waarschijnlijk lijkt, vertelt Saga aan Odin bij hun dagelijkse ontmoetingen verhalen en stelt hem ervan op de hoogte wat ze zoal overal heeft gehoord. Bij de tweede zienswijze doet ze dan voorspellingen als zieneres.

Op meerdere plaatsen valt te lezen, dat Saga een bijnaam zou zijn voor Frigg, maar de Oudnoordse bronnen geven daarvoor geen aanwijzingen.

Saga weet het

Wat je zegt, wat je bedoelt,
wat je denkt en wat je voelt,

wat je wilt en wat je laat,
waar je komt, waarheen je gaat,

wie je haat en wie je mag,
wat je doet bij nacht en dag,

wanneer je moedig bent of bang,
wat het ook is, je leven lang,

van jou en van iedereen,
uitgesloten is er geen,

weet ik alles en altijd,
hetgeen Odin zeer verblijdt.

Routeplaats 15: Odin en Sigi

Sigi wordt in hoofdstuk 4 van de proloog van de Proza Edda vermeld als een zoon van Odin. De tekst van dat hoofdstuk luidt:

> Odin had het tweede gezicht, en zijn vrouw ook. Vanuit hun voorkennis ontdekte hij dat zijn naam in het noordelijke deel van de wereld verheerlijkt zou worden, boven de glorie van alle andere koningen. Daarom vertrok hij uit Turkland en werd vergezeld door een grote menigte van mensen, jong en oud, mannen en vrouwen; en ze namen veel goederen van grote waarde met zich mee. Waar ze ook reisden door de landen van de aarde, werd er in zodanig glorieuze bewoordingen over hen gesproken, dat men hen meer als goden zag dan als mensen. Ze reisden steeds verder naar het noorden en maakten geen einde aan hun reizen tot ze in het noorden waren aangekomen in het land dat nu Saksenland wordt genoemd. Daar verbleef Odin langere tijd en nam het uitgestrekte land in zijn bezit.
>
> Odin stelde er drie van zijn zoons aan als bestuurders. Een van hen heette Vegdeg die over het oostelijk Saksenland regeerde en een machtige koning werd. Zijn zoon heette Vitgils en diens zonen waren Vitta, Hengist's vader, en Sigarr, de vader van Svebdeg, die wij Svipdag noemen.

Odins tweede zoon hier was Beldeg, die wij Balder noemen. Hij kreeg het land dat nu Westfalen heet. Zijn zoon was Brand, diens zoon Frjódigar, (die wij Frodi noemen), zijn zoon was Freóvin, diens zoon Uvigg, wiens zoon Gevis heette (wij noemen hem Gave). Odins derde zoon heette Sigi, en diens zoon Rerir. Zij heersten over wat nu het Frankenland is en waren de voorvaderen van de dynastie die bekend werd onder de naam Volsungen.
Vele grote adellijke huizen zijn uit deze koningen voortgekomen.

Ook in the Thulur, (*Nafnaþulur*) (Proza Edda) komt Sigi voor in de lijst van namen en kenningen in het couplet waarin de zonen van Odin worden genoemd:

Þórr ok Hildolfr, (Thor en Hildolf)
Hermóðr, Sigi, (Hermod, Sigi)

Niet alleen is hij dus een zoon van Odin, maar volgens de mythe ook nog de grondlegger van een beroemd koningshuis; en wel dat der Bourgondiërs. In het algemeen berustten de aanspraken tot het heersen van veel koningshuizen op dergelijke goddelijke afstammingen.
De Oudnoordse naam Sigi wordt gewoonlijk vertaald als 'de zegenrijke'.

Routeplaats 16: Odin en Skjöld

De naam Skjöld, ook wel geschreven als Skjöldr en Skjold, komt voor in behoorlijk veel Oudnoordse en Latijnse werken uit de tijd tussen de 11e en 14e eeuw, zoals bijvoorbeeld in de Proza Edda, de Ynglinga saga, Saxo Grammaticus' Gesta Danorum en de Skjöldunga saga (ca 1180-1200). Laatstgenoemde saga handelt over de legendarische Deense koninklijke dynastie der Skjöldingen, die velen menen te herkennen in de Scylding dynastie uit het Beowulf epos. De Latijnse lijst van legendarische koningen van Denemarken uit deze Skjöldunga saga begint met Odins zoon: Scioldus, Fridleifus I, Frodo I, Herleifus, enzovoorts. De uit de mythen bekende koning Rolf Krake, (*Hrólfr Kraki*), die in de 6e eeuw zou hebben geleefd, komt daarin voor als de 22e koning. Dat betekent, dat Skjöld vermoedelijk ruim voor het begin van onze jaartelling geplaatst moet worden.

De proloog van de Proza Edda verhaalt over Skjöld:

Toen reisde Odin verder naar het noorden en bereikte een gebied dat daar Reidgothland werd genoemd en hij nam daar alles in bezit wat hij wilde. Als beheerder erover stelde hij zijn zoon Skjöld aan, wiens zoon Fridleif was en uit hen ontsprong de dynastie der Skjöldungen; dat zijn de koningen der Denen. Wat zij Reidgothland noemden heet tegenwoordig Jutland.

(Reidgotaland, Hreidgotaland of Hreiðgotaland: dat is mogelijk het gebied waar het Germaanse volk de Goten zich had gevestigd – een bijnaam van Odin is Gautatýr: God van de Goten.)

In hoofdstuk 5 van de Ynglinga Saga wordt Skjöld als echtgenoot van Gefjon vermeld; het citaat hierover kun je nalezen in het hoofdstuk "Routeplaats 8: Odin en Gefjon".

De Oudnoordse naam Skjöldr wordt geduid als 'schild'.

Skjöld wordt tot koning uitgeroepen

Routeplaats 17: Odin en Vidar

Vidar is een van de zonen van Odin en zijn naam wordt op meerdere plaatsen genoemd in de Proza – en Poëtische Edda.

In de Gylfaginning (De begoocheling van Gylfi), in het hoofdstuk waar de Azengoden worden beschreven, staat over Vidar:

> Een heet Vidar. Hij is de stille god. Hij heeft een dikke schoen en is bijna net zo sterk als Thor. De goden steunen op hem bij alle moeilijkheden.

Verderop in dezelfde Gylfaginning, waar het over Ragnarök gaat, het einde van de bekende werelden en waar de meeste goden sterven, wordt Vidar genoemd als één van de goden die de veldslag overleven en de nieuwe werelden zal regeren:

> De wolf verslindt Odin, maar Vidar, de Zwijger, zet zijn voet op de onderkaak van het monster, de andere kaak grijpt hij met zijn hand en vervolgens scheurt hij beide uiteen tot het dier sterft.

In de Thulur (Proza Edda) wordt Vidar tweemaal genoemd. Eerst in de lijst met zonen van Odin:

> Baldr en Meili,
> Víðarr en Nepr,]

En eveneens in de lijst van Azengoden:

**Yggr en Thor
en Ingvi-Freyr,
Víðarr and Baldr**

De moeder van Vidar is de reuzin (*jötun*) Gríðr, dezelfde, die Thor voorzag van een aantal magische geschenken zoals een paar ijzeren handschoenen en een staf die zijn leven redde tijdens het gevecht met de reus Geirröd.

In de Lokasenna, een gedicht uit de Poëtische Edda, komt Vidars naam eveneens voor. Loki herinnerde Odin aan de tijd toen ze bloedbroederschap sloten. Destijds zei Odin dat hij geen bier zou drinken, tenzij het werd geserveerd aan hen beiden. In reactie op Loki nam Odin het woord en zei tegen Vidar:

> **Goed dan, Vidar, laat de vader van de wolf
> plaatsnemen aan de feesttafel
> opdat Loki in Ægir's zaal
> ons berispend toe kan spreken.
> Toen stond Vidar op en schonk voor Loki in.**

Omdat Vidar zijn vader wreekt, wordt hij vaak geassocieerd met wraak en wraaknemen – in de poëzie van de skalden is één van zijn bijnamen (kenning): de Azengod die de goden wreekt.

De Oudnoordse naam *Víðarr* wordt meestal vertaald als 'grote heerser', 'heerser over een uitgestrekt gebied', 'wereldheerser'. Dat is waarschijnlijk gebaseerd op het

Oudnoordse '*valda*': regeren, heersen en '*vīdd*', '*vīða*': 'wijd', 'uitgestrekt', geheel.

Heerser en helper

De daad voor het woord,
slechts zelden gehoord:
dat is Vidar, de zwijger,
de machtige krijger.
Na Odins verdwijnen
zal Vidars zon schijnen.

Kracht om te leven
kan hij jou en mij geven.
Oersterk en oprecht,
mild en gerecht;

Geeft 't leven je'n dreun,
vraag dan Vidar om steun.

Bracteaat gevonden in Funen, Denemarken.
De figuur in het midden wordt als Odin geïnterpreteerd.

Routeplaats 18: Odin en Loki

Odin en Loki zijn klaarblijkelijk bloedbroeders. Dat is op te maken uit een strofe in de Lokasenna, een gedicht uit de Poëtische Edda, waar Loki zegt:

> Herinner je het nog Odin,
> dat wij in vervlogen dagen
> samen ons bloed vermengden,
> en dat jij toen zei
> dat je het bier niet zou genieten
> wanneer we het niet beide
> voorgezet zouden krijgen.

Odin schijnt het zich inderdaad te herinneren, want hij zegt zijn zoon Vidar om Loki in te schenken. Frigg vindt het maar niks, want zij merkt even later in hetzelfde gedicht op:

> Jullie zouden beter de mensen
> nooit over de daden vertellen
> die jullie beiden voor lange tijd begingen.
> Zulke oude verhalen dient men te mijden.

Het achtbenige paard Sleipnir kreeg Odin van Loki ten geschenke. De Gylfaginning schrijft hierover dat Sleipnir geboren werd als een neveneffect van één van Loki's listen. De Azengoden hadden een afspraak met een reusachtige bouwmeester, om een muur rondom Asgaard te bouwen.

De reus had bedongen, dat wanneer de muur op de afgesproken dag klaar zou zijn, hij de godin Freyja als beloning tot vrouw zou krijgen.

Aan Loki werd opgedragen te voorkomen dat de bouw van de muur op de afgesproken tijd gereed zou komen. Toen de muur bijna klaar was, veranderde Loki zichzelf in een merrie en verleidde de hengst van de reus, Svadilfari. Omdat de beide paarden er een paar dagen lang vandoor gingen en de bouwmeester zijn paard nodig had bij de bouw, verstreek de afgesproken dag zonder dat de muur klaar was. Zo liep de reus z'n beloning mis. Loki, in z'n gedaante als merrie, wierp een achtbenig veulen, dat hij aan Odin schonk.

Maar ook tussen bloedbroeders blijkt onenigheid te heersen, zoals uit een paar strofen uit de Lokasenna blijkt. Wanneer Loki boosaardige dingen over de godin Gefjon zegt, reageert Odin:

> Doe niet zo dom Loki, je ben niet goed wijs
> door Gefjon's woede op te wekken,
> mij dunkt, zij kent het lot van een ieder in de wereld
> zeker zo goed als ik.

Waarop Loki hem antwoordt:

> Zwijg toch Odin.
> Jij weet niet hoe tussen mannen
> de strijd te beslechten.

Aan zwakkere strijders,
zij die dat niet verdienden,
schonk je de zege.

Odin reageert op Loki's beschuldiging met een 'tegenaanval':

Weet je nog, toen ik
de overwinning schonk
aan de zwakkere die het
eigenlijk niet verdiende,
was jij acht winters lang
onder de aarde een
koeien melkende meid
die ook baarde; dat is,
dunkt me, niet mannelijk.

In de '*Loka Táttur*' of '*Lokka Táttur*' (verhaal van Loki), een ballade van de Faeröer eilanden, wordt verhaald over een boer die een weddenschap met de reus Skrymir verliest waarna de reus de afgesproken inzet, de zoon van de boer, opeist. De vader van de jongen vraagt achtereenvolgens Odin, Hœnir en Loki om hulp, want hij wil zijn zoon niet afstaan. Nadat de pogingen van Odin en Hœnir mislukken lukt het Loki om de reus met een list te misleiden en te doden, waarna hij het kind weer naar zijn ouders brengt.

Freyja bij de dwergen

Routeplaats 19: Odin en Freyja

Hoewel vaak te horen en te lezen valt, dat in de Noordse mythologie de in de strijd gesneuvelden naar het Walhalla gaan, is die uitspraak maar half juist. Odin en Freyja nemen elk de helft ervan op. Odin ontvangt zijn helft in zijn grote zaal Walhalla (zaal der gevallenen) die zich in zijn paleis Gladsheim (helder of gelukkig huis) bevindt, gelegen in de godenwereld Asgaard. De andere helft gaat naar de zaal Sessrúmnir (zitruimte) die zich bevindt in Freyja's domein of paleis Folkvang – Omdat deze naam wordt vertaald als 'veld van het volk', wordt nogal eens verondersteld dat het geen paleis is, maar een grote (woon)vlakte. Het Proza Edda gedicht *Grímnismál* (Het lied of de vertelling van Grimnir, (de gemaskerde)), vermeldt over die verdeling van de dode strijders:

De negende is Folkvang, waar Freyja bepaalt
wie in haar hal plaats mag nemen;
elke dag kiest ze de helft van de gesneuvelden,
de andere helft gaat naar Odin.

In de korte laat 14e-eeuwse vertelling *Sörla þáttr* (verhaal van Sorli), dat deel uitmaakt van het Oud-IJslandse Flateyjarbok manuscript, wordt aan Odin en Freyja een liefdesverhouding toegeschreven. Het verhaal met betrekking tot Odin en Freyja gaat als volgt:

In het verhaal woonden de Azen (Æsir) ooit in een stad die Asgaard heette en gelegen was in een gebied dat Asialand of Asiaheim werd genoemd. Odin was er de koning en hij benoemde Njörd en Freyr tot tempelpriesters. Freyja was de dochter van Njörd, en was Odins meest geliefde bijvrouw. Odin hield heel veel van haar en noemde haar 'de mooiste vrouw van die tijd'. Freyja bezat er een prachtig prieel en wanneer de deur daarvan gesloten was, kon niemand zonder haar toestemming naar binnen.

In hoofdstuk 1 wordt verteld, dat Freyja aan een open grot voorbijging, waar dwergen woonden. Vier dwergen waren daar een gouden ketting aan het smeden die al bijna klaar was. De dwergen meenden, dat Freyja de schoonste vrouw was en waard de ketting te dragen. Zij bood hen zilver en goud en andere waardevolle voorwerpen voor de ketting. Maar de dwergen antwoordden, dat ze geen gebrek hadden aan geld en dat het enige waarvoor ze de ketting af wilden geven, was, dat ze met elk van hen een nacht doorbracht. Aan haar was de keus. Freyja stemde in met die voorwaarde en sliep een nacht met elk van de vier dwergen. Nadat ze eraan had voldaan kreeg ze de ketting en ging terug naar haar prieel, alsof er helemaal niets was gebeurd.

In hoofdstuk 2 ontdekt Loki, die in dienst van Odin is, wat Freyja had gedaan en vertelde het zijn meester. Daarop droeg Odin Loki op om de ketting te stelen en hem te brengen. Loki sputterde tegen, dat zoiets geen eenvoudige opgave was, omdat niemand tegen Freyja's wil haar prieel kon betreden. Maar Odin zei dat hij Loki pas weer wilde zien nadat hij een manier had gevonden om de ketting in zijn bezit te krijgen en deze dan naar hem toe bracht. Loki vertrok huilend en ging naar Freyja's prieel. Dat was echter afgesloten en hij kon er niet binnenkomen. Daarop veranderde hij zichzelf in een vlieg en pas na lang zoeken naar een kleine toegang vond hij een heel klein gaatje dicht bij de gevel waardoor hij zichzelf naar binnen kon wringen. Hij keek goed rond of er niemand wakker was en begaf zich toen naar Freyja's kamer waar ze sliep. Hij landde op haar bed en zag, dat ze de halsketting droeg waarvan de sluiting onder haar was. Daarop veranderde Loki zich in een vlo, sprong op Freyja's wang en beet haar daar. Freyja bewoog zich, draaide zich om en sliep verder. Loki veranderde zich terug in zichzelf, verwijderde de halsketting, opende de deur van binnen en ging terug naar Odin.

Toen Freyja de volgende morgen ontwaakte, zag de dat de deur van haar prieel open was, maar niet van buiten beschadigd en dat haar halsketting was verdwenen. Ze kon zich wel denken wie daarvoor verantwoordelijk was. Nadat ze zich had gekleed ging ze naar Odin en beklaagde zich over het arglistige onrecht dat haar in zijn naam was aangedaan en eiste haar halsketting terug.

Odin zei echter, dat door de manier waarop ze het had verkregen, ze het sieraad niet terug zou krijgen. Hij noemde echter één uitzondering die tot teruggave zou leiden. Ze moest twee koningen, die elk heer waren over twintig andere koningen, zover brengen, dat ze met elkaar de strijd zouden aangaan. Daarbij moest ze met behulp van een toverspreuk ervoor zorgen, dat steeds wanneer één van de mannen zou vallen in de strijd, deze weer zou opspringen en verder vechten. Dat moest dan eeuwig doorgaan, tenzij er een christelijke man die een hoge positie bekleedde, zou komen die zich in de strijd mengt en allen slaat, waardoor ze definitief sterven. Freyja accepteerde die voorwaarde en kreeg daarop haar halsketting terug.

Onder de ban van de toverspreuk streden koning Högni en koning Hedin 143 jaar lang met elkaar en telkens wanneer er iemand sneuvelde, stond deze weer op en vocht verder. Tenslotte kwam de grote christelijke heerser Olaf Tryggvason daar aan met zijn dappere gedoopte mannen. Wie door deze christenen werd geslagen, bleef ook dood en stond niet meer op. De heidense vloek werd dus tenslotte opgeheven door de komst van het christendom. Daarna ging de nobele koning Olaf terug naar zijn koninkrijk.

Freyja, door Pollyanna Jones

Gewoon een van mijn vriendjes

Ze noemen mij zijn concubine,
ze dazen,
die dwazen!
Ik ben een vrije vrouw
maak steeds mijn eigen keus;
waarheen ik ga, het is mijn weg,
wat ik ook doe en wat ik zeg
met wie ik slaap
en met wie niet,
wanneer ik gaap,
als ik geniet
vaak voel ik me goed,
soms is't verdriet,
't is allemaal mijn eigen keus,
Odins bijzit.... maar niet heus:
ze dazen,
die dwazen!
                      Freyja

Ik weet,
dat ik hing
aan de boom
in de wind

Routeplaats 20: Odin en de runen

Hoe Odin met de runen in contact kwam, wordt uitgelegd in de *Hávamál* (Het lied, of de spreuken van de Hoge), een lang gedicht uit de Poëtische Edda. De naam is waarschijnlijk ontleend aan het laatste couplet van dat lied, dat begint met:

**Nu zijn de spreuken van de Hoge
gesproken in de Hoge Zaal.**

De Hávamál telt 164 strofen, (sommige vertalers laten er enige weg). Het gedicht zelf is in feite een compilatie van verschillende gedichten, en biedt in de vorm van spreuken adviezen voor het leven, voor goed of passend gedrag en wijs handelen, uiteraard bedoeld voor de samenleving destijds (Vikingertijd). De gedichten werden vermoedelijk tot een eenheid samengevoegd door ze door een fictieve spreker te laten vertellen. Dat werd Hárr, de Hoge. Uit de titel kan worden geconcludeerd dat die 'Hoge' Odin is - het lied zelf maakt dat niet duidelijk. Veel mythologisch materiaal dat met Odin verbonden wordt, berust echter op deze conclusie.

Het wordt vermoed, dat de Hávamál al in de 10e eeuw bekend was bij de skalden.

De strofen die over de wijsheid der runen gaan, worden nogal eens als een van die oorspronkelijk alleenstaande gedichten gezien en worden '*Rúnatal þáttr Óðinn*' (Odins runenlied) genoemd.'

Ik weet, dat ik hing
aan de boom in de wind,
negen lange nachten,
verwond door de speer,
gewijd aan Odin,
aan mijzelf,
aan de boom
waarvan niemand weet
welke zijn wortels zijn.

Geen brood kreeg ik
en geen drinkhoorn.
Naar beneden keek ik
en nam de runen op,
nam ze luid roepend,
toen zonk ik neer.

Negen liederen van macht
leerde ik van de beroemde Bölthor,
de vader van Bestla
en ik nam een dronk
van de heerlijke mede
uit de ketel Odroerir.

Toen groeide ik,
werd wijzer,
ik gedijde
en voelde mij goed.
uit een eerste woord
ontstonden meer woorden,

een eerste daad
leidde tot volgende daden.

Runen zul je vinden,
tekens om te duiden,
tekens vol macht,
Fimbultyr kleurde ze,
hoge machten schiepen ze,
de runenmeester kerfde ze.

Bij de Azen deed Odin dat,
bij de elfen Dainn,
Dwalin bij de dwergen
en bij de reuzen Alswid,
en ikzelf kerfde ze ook.

Weet je hoe men moet kerven?
weet je hoe men moet lezen?
Weet je hoe men moet kleuren?
Weet je hoe men moet beproeven?
Weet je hoe men aan moet roepen?
Weet je hoe men moet offeren?
Weet je hoe men moet afhandelen?
Weet je hoe men moet vernietigen?

Het is beter niet aan te roepen
dan teveel te offeren.
Bij een geschenk
hoort een passende vergelding.
Beter niets gebracht

dan teveel vernietigd.
Zo kerfde Thund, nog voor
het lot de mensen trof,
hij verrees daar
waar hij terugkeerde.

Fimbultyr, Thund en de Runenmeester (Hropt) worden tegenwoordig nogal eens als bijnamen voor Odin geïnterpreteerd. Daarvoor bestaan echter niet in alle gevallen aanvaardbare verklaringen- dat past bijvoorbeeld niet goed in de voorgaande strofen.

Eerder in de Hávamál komen de runen ook al ter sprake. Bij het gedeelte dat *Ládfafnismál* (Loddfafnirs lied) heet en dat bestaat uit ruim 25 coupletten met raadgevingen aan Loddfafnir, worden in de eerste strofe de runen genoemd:

Nu is het tijd om een lied te zingen
vanaf de zetel van de zanger
die staat bij de bron van Urd.
Ik zat daar en zweeg,
zag toe en dacht na.
Ik luisterde naar wat
de mesnen zeiden;
over runen spraken ze,
en ze verzwegen hun betekenis niet.
bij de zaal van de Hoge,
en in de hoge zaal.
Daar hoorde ik dit allemaal.

Routeplaats 21: Odins toverspreuken

Aansluitend aan het Runengedicht van de vorige routeplaats volgt in de Hávamál het gedicht met 18 toverspreuken of toverliederen (Oudnoords: *Ljóðatal*) voor uiteenlopende doeleinden. Echter, degene die ze opschreef, kondigt ze alleen maar aan. Noemt ze. De spreuken zelf worden inhoudelijk niet beschreven. Deze bewerker, die zelf ongetwijfeld christelijk was, schrok er blijkbaar voor terug om werkelijke heidense tovenarij door te geven.

Evenals bij de runenstrofen wordt ook hier aangenomen, dat Odin door de bewerker als spreker is ingebouwd om verschillende delen van deze 'spreuken van de Hoge' tot een eenheid te maken. Het vermoeden bestaat, dat elk van de spreuken oorspronkelijk helemaal op zichzelf stond.

Vaak wordt ook aangenomen dat elk van de 18 navolgende spreuken met een rune samenhangt. Dat is echter een interpretatie die in het lied zelf niet wordt ondersteund. Slechts bij één van de toverspreuken worden runen gebruikt; veelzeggend is daarbij, dat het in die strofe om runen (meervoud!) gaat en niet om één enkele bepaalde rune – dat is een aanwijzing tegen de aanname, dat elke spreuk aan één rune is gekoppeld.

De vertaling van de eerste regel in de Oudnoordse tekst *"Ljóð ek þau kann"* met "Toverliederen ken ik" berust erop, dat elk van de strofen in een bepaalde situatie praktische uitkomst biedt bij een probleemsituatie. Daarom wordt het woord *"Ljóð"* (strofe, lied) als 'toverliederen' geïnterpreteerd.

Wanneer er in de spreuken over 'zingen' wordt gesproken, dan wordt er daarom waarschijnlijk toverzingen bedoeld. Het Oudnoords kent daarvoor het begrip *gáldr*.

> Toverliederen ken ik
> die geen edelvrouw, noch
> de zoon van enig man kent.
> De eerste heet Hulp die
> kan helpen bij geschillen,
> bij zorgen en bij alle grieven.
>
> Een tweede ken ik, die
> mensenkinderen nodig hebben,
> die geneeskunde willen bedrijven.
>
> Een derde ken ik, wanneer ik
> dringend hulp nodig heb om
> iemand, die me haat te stuiten.
> Het maakt de wapens van mijn
> vijand stomp zodat deze, noch
> zijn listen werkzaam zijn.
>
> Een vierde ken ik, wanneer een
> vijand mij in de boeien legt.
> Ik zing de woorden die me bevrijden,
> de kluisters springen van mijn voeten
> en de handboeien van mijn armen.
>
> Een vijfde ken ik wanneer ik een
> pijl in het strijdgewoel zie vliegen.

Hoe snel die ook vliegt, ik stop hem
door er strak naar te kijken.

Een zesde ken ik, wanneer iemand
mij verwondt. Dan neem ik verse
wortels van een sterke hoge boom;
en datgene wat mij werd toegevoegd
zal overgaan op degene die dat deed.

Een zevende ken ik, wanneer ik de
zaal, waar de kameraden, zitten zie branden;
Hoe hoog ook de vlammen zijn, ik kan
redden, door het toverlied te zingen.

Een achtste ken ik, zo nuttig dat
een ieder het zou moeten leren:
wanneer haat groeit tussen de
zonen der heersers,
dan kan ik dat snel beslechten.

Een negende ken ik, wanneer mijn
schip op zee in nood geraakt: ik
kalmeer de storm die de golven
jaagt en breng de zee tot rust.

Een tiende ken ik, wanneer ik
heksen door de lucht zie vliegen:
ze verliezen hun gedaante
en het benevelt hun verstand.

Een elfde ken ik, wanneer ik
oude vrienden in de slag leid:
ik zing onder de schilden en ze
betreden roemrijk het slagveld
en verlaten het zonder wonden.

Een twaalfde ken ik, wanneer ik
aan een boom een gehangene zie:
dan kerf en kleur ik de runen zo,
dat de man bij mij komt
en met mij spreekt.

Een dertiende ken ik, wanneer ik
een jonge man met water zalf:
hij zal niet sneuvelen in het strijdgewoel,
onder zwaarden zal hij niet vallen.

Een veertiende ken ik, wanneer ik
voor de legerschaar de goden moet
noemen. Ik ken dan alle Azen en elfen
zo goed als bijna niemand anders.

Een vijftiende ken ik, dat de dwerg
Thjodrorir voor de deur van Delling zong.
Hij zong de Azen kracht toe,
de elfen voorspoed
en Hroptatýr wijsheid.

Een zestiende ken ik, wanneer ik bij
een schrandere vrouw hartstocht en

liefde voor mij opwekken wil: ik
beïnvloed de zinnelijkheid van het
meisje met de blanke armen
en richt haar liefde op mij.

Een zeventiende ken ik,
waarmee een jonge maagd
mij niet kan weerstaan.
Deze spreuken zullen jou,
Loddfafnir, lange tijd
ontzegd zijn. Toch is het goed
wanneer je ze kent, nuttig, wanneer
je ze leert, behulpzaam wanneer
 je ze aanneemt.

Een achttiende ken ik, dat ik geen
meisje of getrouwde vrouw ooit
zal zeggen. Het is beter, dat slechts
één deze kent (Het is de laatste van
mijn spreuken), uitgezonderd wie mij
omarmt of mijn zuster.

Toelichting:
- De deur van Delling: de dageraad;
- Hroptalýr: een bijnaam van Odin

Runensteen uit het Vikinger museum in Haithabu in Sleeswijk-Holstein.

Routeplaats 22: Odin en de mede

De honingdrank die we mede noemen komt op meerdere plaatsen voor in de Proza- en de Poëtische Edda en in verschillende gedichten van skalden. Het meest uitgebreid in de Skáldskaparmál in de Proza Edda. Het verhaal hoe de mede ontstond, luidt:

Ægir vroeg: "Vanwaar stamt de kunst, die jullie poëzie noemen?" Bragi antwoordde: "Het begon aldus. De goden hadden een geschil met het volk der Wanen, en zij stelden een vredesconferentie voor tussen hen en sloten vrede volgens dit ritueel: Ze begaven zich allen naar een vat en spuwden hun speeksel daarin. Tenslotte namen de goden het vat op en om het niet verloren te laten gaan, schiepen ze uit dat vat een man die Kvasir werd genoemd. Deze was zo wijs, dat niemand hem een vraag kon stellen waarop hij geen antwoord wist. Hij reisde ver en wijd in de wereld rond om aan de mensen zijn kennis over te dragen. Eens werd hij thuis uitgenodigd bij de twee dwergen Fjalar en Galar. Ze lokten hem met zich mee voor een privé gesprek en doodden hem toen. Zijn bloed lieten ze in twee vaten en een ketel lopen. De naam van de ketel is Odroerir en de twee vaten heten Són en Bodn. Ze vermengden honing met dat bloed en het resultaat was, dat degene die ervan dronk een skald of een geleerde werd. De dwergen zeiden de Azen, dat Kvasir zich had verslikt in zijn eigen scherpzinnigheid omdat niemand zo wijs was om in staat te zijn Kvasir's wijsheid in twijfel te trekken.

Fjalar en Galar konden de mede niet lang behouden, want nadat de twee moordzuchtige dwergen ook nog de reus Gilling en zijn vrouw hadden vermoord, keerde voor hen het tij. De zoon van het echtpaar, Suttung, kwam erachter en de dwergen konden tenslotte hun leven nog redden door Suttung als schadeloosstelling al hun beroemde mede aan te bieden. Suttung accepteerde dat en bracht de ketel en de twee vaten naar zijn huis en stelde zijn dochter Gunnlöd aan als bewaakster over de mede, die 'Kvasir's bloed' werd genoemd.

Het verhaal gaat dan verder met de wijze waarop Odin in het bezit van de mede kwam.

Nadat Odin onder de naam Bolverk een zomer lang had gewerkt voor Baugi, de broer van Suttung zou hij als beloning van de mede mogen drinken, had Baugi beloofd. Maar toen het zover was, wilde Suttung daarvan niets weten. Odin kreeg Baugi toen zover, dat deze met een boor een gang in de rotswand naar Suttungs woning boorde.

Toen veranderde Bölverk zichzelf in een slang en kroop in het boorgat. Baugi gooide hem de boor nog achterna, maar miste hem. Bölverk kroop naar de plaats waar Gunnlöd zich bevond. Hij verbleef drie nachten bij haar. Toen mocht hij drie slokken mede nemen. Bij de eerste slok dronk hij Odroerir leeg, bij de tweede leegde hij Bodn en met de derde slok Són; toen had hij alle mede. Daarop veranderde hij zichzelf in een adelaar en vloog weg zo snel als hij kon. Maar toen Suttung de adelaar zag wegvliegen nam hij eveneens de gedaante van een adelaar aan en zette de achtervolging in. Toen de Azen Odin aan zagen komen vliegen, zetten zij buiten drie vaten gereed en toen Odin Asgaard bereikte, liet hij de mede in de vaten lopen. Op het laatste stuk was Suttung hem echter zo dicht genaderd, dat Odin een beetje van de mede verloor, waarop verder niemand lette. Daarom kon ieder die wilde daar wat van nemen en dat werd het aandeel van de rijmelaars genoemd. Odin gaf de mede aan de Azen en aan de mensen die het talent hadden om te dichten of te componeren.

Enkele coupletten van de Hávamál hebben betrekking op dezelfde geschiedenis. Enerzijds geeft Odin toe, dat zijn gedrag ten opzichte van Günnlod niet in de haak was:

**Op een gouden stoel gezeten
gaf Gunnlod mij van de
heerlijke mede te drinken;
met slechtheid vergold ik
haar lieve toegenegenheid:
een treurig hart.**

Aan de andere kant gaat hij toch weer prat op zijn handelen:

> De liefde van de schoonheid
> die ik won heb ik goed benut.
> wie slim is, krijgt, wat hij wil;
> want Odroerir is nu in de
> woonverblijven der mensen.

Tenslotte geeft hij te bedenken, dat wanneer hij geen misbruik had gemaakt van Gunlöds liefde, hij wellicht het avontuur niet had overleefd:

> Ik twijfel eraan of ik het huis
> van de reus weer heelhuids
> had kunnen verlaten
> wanneer ik Gunlöd niet misleidde
> waardoor zij mij in haar armen nam.

Terwijl in het verhaal hierboven uit de Skáldskaparmál Kvasir als een door de Azen geschapen man wordt beschreven, wordt hij eerder in de Proza Edda, in de Gylfaginning, beschreven als één van de Azen:

> Toen de Azen bij het huis waren aangekomen, ging de wijste van hen die Kvasir wordt genoemd, het eerst naar binnen.

Daarentegen wordt hij in de Ynglinga saga de meest wijze van de Wanen genoemd. Bij het uitwisselen van gijzelaars na de oorlog tussen de Azen en Wanen staat daar:

De bewoners van Vanaland stuurden de meest wijze man uit hun midden, men noemde hem Kvasir.

Alles tezamen is dit nogal verwarrend, maar waarschijnlijk was Kvasir een Azengod.

Dichtermede

Zoete wijn maakt je slaperig,
het bier smaakt naar meer,
jenever en whiskey
zijn vloeibare gerechten,

Van likeur moet je nippen,
Beerenburg is medicijn,
verdriet verdrink je in wodka,
maar mede maakt poëten.

Hoorn om mede uit te drinken

Wij weven,
wij weven,
het weefsel
der strijd

Routeplaats 23: Odin en de Walkuren

De Walkuren zijn vrouwelijke 'geestwezens' die in dienst staan van Odin. Ze worden op veel plaatsen in de Proza- en Poëtische Edda genoemd, waarbij hun opgaven ook worden omschreven. Verder treden ze op in de Heimskringla, in de IJslandse Saga van Njal en in enige op zichzelf staande skalden-gedichten.

In de al enige malen genoemde Thulur bevindt zich een couplet, waarin de meeste namen van de Walkuren worden opgesomd. Ze worden daar '*Óðins meyjar*' (Odins maagden) genoemd.

In de Proza Edda, in hoofdstuk 36 van de Gylfaginning worden er, behalve dat er een aantal namen van de Walkuren worden genoemd, ook enige van hun bezigheden beschreven:

Dan zijn er nog anderen, wier taak het is in het Walhalla te dienen. Ze moeten het drinken opdienen en zijn verantwoordelijk voor het tafelgoed en de mede-bekers. Dat zijn de Walkuren en Odin stuurt ze naar elke veldslag. Daar bestemmen ze wie er moet sterven en wie de slag wint.

Ook in de Proza Edda, in de Skáldskaparmál komen de Walkuren op meerdere plaatsen voor, zoals bijvoorbeeld in de geciteerde strofe van een skald uit de 10e eeuw:

Daardoor weet ik, dat de Walkuren en de raven de zegevierende Odin begeleiden

naar het heilige bloed van Balder.
Deze motieven waren binnen te zien.

Een andere strofe, eveneens uit de 10e eeuw, wordt wat verderop geciteerd:

> Was is dat voor een droom Odin?
> Ik droomde, dat ik bij dageraad
> opstond om het Walhalla te reinigen
> voor de gesneuvelden. Ik wekte de
> Einherjar en vroeg ze om stro om de
> banken te strooien en de bierpullen te
> wassen. De Walkuren vroeg ik wijn te
> serveren voor de aankomst van een prins.

Een paar van vele de voorbeelden uit de Poëtische Edda waarbij Walkuren optreden zijn te vinden in het gedicht *Helgakviða Hjörvarðssonar* (Helgi, de zoon van Hjorward):

> Hjorward en Siglin hadden een zoon, groot was hij en schoon. Maar hij was zwijgzaam en had geen naam. Toen deze eens op een heuvel zat, zag hij negen Walkuren rijden, één van hen vond hij de schoonste van allen. Zij sprak hem aan en zei:

> Helgi, machtige held,
> je zult geen ringen geven
> en een rijk besturen
> al bezit je grote moed,
> wanneer je blijft zwijgen.

Helgi antwoordde:

> Wat schenk je me nog meer
> dan de naam Helgi, jij
> wonderschone vrouw.
> Wat kun je me alles bieden?
> Bedenk, voor je me antwoordt,
> dat ik niets ervan aanneem
> wanneer jij niet mijn vrouw wordt.

Het verhaal vervolgt dan ermee, dat Helgi van de Walkure, die Svava heet, een prachtig zwaard krijgt. Wanneer hij dan een beroemde koning is, trouwt hij met Svava, die echter ook dan nog een Walkure blijft.

In de saga van Njal komen de Walkuren zelf aan het woord. In een tamelijk gruwelijk gedicht beschrijven ze hun bezigheden. In het lied zijn twaalf Walkuren bezig te weven en bespreken daarbij wie de dood moet vinden in de Slag bij Clontard bij Dublin in het jaar 1014. Het gedicht bevat veel kenningen en er bestaan meerdere vertalingen in moderne talen, die allemaal van elkaar verschillen. Ze zijn alle niet eenvoudig te volgen, daarom zijn hier de meeste kenningen omgezet in hun betekenissen.

> Toen Dörrud op goede Vrijdag 's morgens zijn huis verliet, zag hij twaalf gedaanten naar een woning in een heuvel rijden. Hij liep erheen een keek door een venster wat er aan de hand was. Hij zag daar vrouwen die zorgvuldig een weef-

getouw hadden bespannen. Als weefgewichten gebruikten ze schedels van mensen en de draden op het weefgetouw en de spoel waren van menselijke darmen gemaakt. Hun zwaarden gebruikten ze als weefspoel en pijlen dienden als haspel. Tijdens het werk declameerden de vrouwen het volgende gedicht:

Het Walkurenlied of het weeflied der Walkuren

1. Het weefsel wordt
   breed gespannen,
   voor de doden in de slag,
   waar het bloed
   rijkelijk vloeit.
   Grijs weefsel kleeft
   aan de speren;
   menselijk weefsel, want
   Odins weefsters
   brengen de dood.

2. Gevlochten wordt het
   met darmen der strijders,
   de draden strak gespannen
   verzwaard met schedels
   van mensen. De dwarsstangen
   zijn in bloed gedoopte speren.
   Pijlen zijn onze haspels, met
   zwaarden drukken we het
   weefsel der slachting aan.

3. Met blanke zwaarden
   beginnen we het weven,
   Hilde en Hjortrimul,
   Sangrit en Swithul.
   Schachten zullen breken,
   schilden zullen barsten,
   door wapenrustingen
   dringen de zwaarden.

4. Wij weven, wij weven,
   het weefsel der strijd, dat
   eens de jonge koning droeg.
   Laten we ons begeven
   tussen de mensen waarin
   onze vrienden in het
   gevecht zijn gewikkeld.

5. Wij weven, wij weven,
   het weefsel der strijd
   en volgen de vorst
   voortaan in de slag.
   Daar zien Gunn en Göndul
   bloedbevlekte schilden,
   die de koning beschermen.

6. Wij weven, wij weven,
   het weefsel der strijd
   waarin koene strijders
   de banieren zwaaien.
   Wij laten hem het leven

niet verliezen, wij
Walkuren bepalen in de
slag wie leeft en wie sterft.

7. Mannen zullen in het land
heersen, die tevoren in
de vreemde woonden.
Wij bepalen dat de dappere
koning de dood is gewijd;
daarom zinkt hij teneer
door speren geveld.

8. Ook de Ieren zullen zo
door onheil worden getroffen,
dat vele generaties dat
niet zullen vergeten.
Het doek is geweven,
het slagveld bloedrood.
Het nieuws van de rampspoed
verspreidt zich door het land.

9. Het rondkijkend oog
ziet gruwelijke taferelen,
bloedrode wolken
drijven langs de hemel;
de lucht is gekleurd
met het bloed van de doden
wier noodlot wij als
Walkuren bestemden.

10. Voor de jonge koning
zingen wij zegeliederen,
die voorspoed verkonden;
Wie dat hoort die zal het
gezang der Walkuren
niet vergeten; geef het
door aan andere mannen.

11. Wij rijden nu heen,
weg van hier, op onze
snelle paarden, met het
ontblote zwaard in de hand.

Daarna rukten ze het doek van het weefgetouw en verscheurden het en ieder nam het stuk mee dat ze in haar hand had. Dörrud verliet het raam en ging weer terug naar huis. De vrouwen echter bestegen hun paarden. Zes van hen reden naar het zuiden, de anderen naar het noorden.

Het woord Walkure is een nog niet zo oude vertaling van het Oudnoordse *valkyrja* (meervoud: *valkyrjur*). Het is samengesteld uit het Oudnoordse zelfstandige naamwoord '*valr*', dat verwijst naar de op het slagveld gesneuvelden, en het werkwoord '*kjósa*': kiezen. Samengevoegd geeft *valkyrja* dan als betekenis: kiezer van de gesneuvelden. Het Oudnoordse *kjósa* is verwant met het Duitse woord '*küren*' en het Nederlandse 'keuren', in het Middelnederlands '*cuere*'.

De walkure waakt

Routeplaats 24: Odins dierlijke metgezellen

Sleipnir

Het achtbenige paard van Odin dat de naam Sleipnir draagt, de Oudnoordse naam betekent 'de voortglijdende', komt op veel plaatsen in de oude bronnen voor; meermaals in de Proza Edda, de Poëtische Edda, de Gesta Danorum en in verschillende saga's. Bovendien wordt er van enige oude afbeeldingen vermoed, dat daarop Sleipnir wordt weergegeven.

In het hoofdstuk Gylfaginning van de Proza Edda wordt verteld wat de herkomst van Sleipnir is, zie daarvoor Routeplaats 18. Al eerder in de Gylfaginning wordt over Odins paard geschreven in de alinea waar de paarden van de Azengoden worden opgesomd:

> Dit zijn de namen van de paarden van de Azen: de beste is Sleipnir, het is van Odin en heeft acht benen, het tweede is Gladr (de vrolijke of de glanzende), het derde Gyllir (goud), het vierde Glenr (wolkenopener of staarder), het vijfde Skeidbrimir (die bij het rennen straalt of snuift), het zesde Silfrintoppr (zilveren manen), het zevende Sinir (de pezige), het achtste Gisl (zweep of stralend), het negende Falhófnir (die met de harige hoeven), de tiende Gulltoppr (gouden vlecht), het elfde Léttfeti (de lichtvoetige), het paard van Balder werd tegelijk met hem verbrand en Thor gaat te

voet naar de plaats waar recht wordt gesproken en waadt daarbij door rivieren ...

Odin, Sleipnir, Geri, Freki, Huginn en Muninn

In de Hervarar saga wordt een raadsel opgegeven waarvan de oplossing vanzelfsprekend Odin op Sleipnir is:

Wie zijn de twee die
op tien voeten gaan?
Ze hebben drie ogen
maar slechts één staart.

In de Völsunga saga ontmoet de held Sigurd, wanneer hij op weg is naar een woud een onbekende oude man met een lange baard. Sigurd vertelt de man, dat hij onderweg is om een paard uit te kiezen. Hij vraagt de oude man om met hem mee te gaan en hem te helpen bij de keuze. De oude man raadt hem om de paarden naar de river de Busiltjörn te drijven. Beide drijven de paarden in het water en de paarden zwemmen direct weer aan land, behalve een groot, jong en fraai paard dat nog door niemand was bereden. De grijsbaardige oude man zegt, dat dat paard van Sleipnir afstamt en heel zorgvuldig afgericht moet worden. Het zal dan meer kunnen dan elk ander paard. Dan verdwijnt de oude man. Sigurd noemt het paard Grani (de Grijze of Grijsvacht)) en het verhaal gaat, dat de oude man niemand anders was dan de god Odin.

Sleipnir

Hugin en Munin

Ook deze twee raven van Odin komen meermaals voor in de beide Edda's en andere oude bronnen.

In de Proza Edda, in hoofdstuk 38 van de Gylfaginning wordt de taak van deze twee vogels beschreven:

Twee raven zitten op zijn schouders en vertellen hem in zijn oor alles wat ze zien en horen. Ze heten Hugin en Munin. Bij dageraad stuurt hij ze eropuit om over de hele aarde te vliegen wanneer het tijd is voor het ontbijt keren ze terug. Van hen hoort hij veel nieuws. Daarom noemt men hem de Ravengod.

Hugin betekent 'gedachte' of 'denken' en Munin 'herinnering' of 'verstand'.

In het Poëtische Edda gedicht Grímnismál vertelt Grimmir (een schuilnaam van Odin) in een couplet:

Hugin en Munin vliegen
elke dag over de
uitgestrekte aarde; ik
maak me zorgen over Hugin,
dat hij niet terugkeert,
maar meer vrees ik voor Munin.

In hoofdstuk 7 van de Ynglinga saga, waarin wordt verteld over de daden van Odin staat over Hugin en Munin:

Hij had twee raven aan wie hij de taal der mensen had geleerd. Zij vlogen lang en ver en brachten hem alle nieuws.

Het 'Derde Grammaticale Traktaat' een handschrift over de Oudijslandse taal uit het midden van de 13e eeuw bevat een kort gedicht over Odins raven:

Twee raven vliegen weg
vanaf Hnikars (Odins) schouders;
Hugin naar de gehangenen
en Munin naar de gesneuvelden.

Odins vleugels

Kraah, kraah,
op de schoorsteen van mijn huis,
kraah, kraah,
zitten Odins vleugels.
Kraah, kraah,
roep ik terug.
Even voel ik oogcontact,
en weer klinkt het
kraah, kraah.
dan vliegen ze op
en wieken weg.
Graag wist ik nu wat ze
straks overbrieven.
Wat hoort Odin in dat
luid krassende
kraah, kraah?

Odin met de twee raven Hugin en Munin
en de twee wolven Geri en Freki

Geri en Freki

In de Proza Edda, in de Gylfaginning vertelt Hárr (de Hoge, Odin) over Geri (de gulzige) en Freki (de vraatzuchtige):

Het eten dat op zijn tafel staat, geeft hij aan de twee wolven die bij hem horen. Die heten Geri en Freki. Hijzelf heeft geen eten nodig. Voor hem is wijn zowel spijs als ook drank.

Geri en Freki voedert
de ervaren strijder en
beroemde aanvoerder
slechts van wijn leeft de
beroemde vechter Odin.

In de Poëtische Edda, in het heldengedicht *Helgakviða Hundingsbana* I (Helgi de Hundingdoder I) worden Odins wolven eveneens genoemd:

De vorsten gingen naar de
verzamelplaats der zwaarden,
koning Frodi's vrede brak:
Vidir's honden zochten op
het eiland vraatzuchtig
naar lijken van mensen.

Betekenis: De vorsten trokken ten strijde en Vidir is een naam voor Odin, de honden zijn de twee wolven.

Verder komen in verschillende skaldengedichten de namen Geri en Freki voor als uitdrukkingen voor 'wolf'.

Odin's ring 'Draupnir'

Routeplaats 25:
Odins magische hulpmiddelen

In de Proza Edda, zo halverwege de Skáldskaparmál, wordt verteld hoe de ring Draupnir, de speer Gungnir en verschillende andere magische voorwerpen ontstonden.

> Waarom is 'het haar van Sif' een kenning voor goud? Loki Laufeyarson haalde eens kattenkwaad door alle haren van Sif af te knippen. Maar toen Thor dat hoorde, greep hij Loki en zou elke bot in hem hebben gebroken, wanneer deze niet had gezworen om naar de zwarte Elven te gaan om die van goud nieuw haar voor Sif te laten maken, en wel zodanig dat het net zo zou groeien als ander haar. Dus ging Loki naar die dwergen toe, die ook wel de zonen van Ivaldi worden genoemd, en die maakten het nieuwe haar en tegelijk ook nog Skidbladnir en de speer die de naam Gungnir kreeg en in het bezit kwam van Odin.

Daarna sloot Loki met de dwerg Brokkr een weddenschap met zijn eigen hoofd als inzet, dat Sindri, de broer van Brokkr niet drie andere kostbare voorwerpen zou kunnen maken, die even waardevol waren als de drie die hij zojuist had verkregen. De smid Sindri ging direct aan het werk. Loki probeerde weliswaar met een paar trucjes de smid te hinderen zodat deze geen succes zou hebben, maar dat lukte hem niet. De smid maakte een everzwijn, met manen en haren van goud, een gouden ring die de naam Draupnir kreeg en een hamer die de naam Mjölnir droeg. Daarna gingen Loki en de dwerg Brokkr elk met hun drie kostbare voorwerpen naar de Azen en Odin, Thor en Freyr moesten beslissen wie er had gewonnen.

Loki gaf de speer Gungnir aan Odin, het haar, dat voor Sif was bestemd aan Thor en Skidbladnir aan Freyr en hij informeerde ze over de eigenschappen ervan: de speer zou onderweg niet opgehouden kunnen worden, het haar zou direct beginnen te groeien nadat het op Sif's hoofd was gelegd en het schip zou, nadat het zeil was gezet, altijd gunstige wind hebben in welke richting het ook zou varen. Het kon ook als een servet worden samengevouwen, zodat Freyr het in zijn zak zou kunnen meenemen wanneer hij dat wilde.

Vervolgens presenteerde Brokkr zijn geschenken: aan Odin gaf hij de ring en zei dat er in elke negende nacht acht gouden ringen van gelijk gewicht af zouden druppelen. Hij gaf het everzwijn aan Freyr en zei dat hij daarmee sneller dan elk paard dag en nacht over water en door de lucht kon rijden en dat hij daarbij in de nacht en in de duistere landen altijd voldoende licht zou hebben omdat de manen zouden schijnen. Toen gaf hij aan Thor de hamer en zei dat hij ermee zo hard kon toeslaan als hij wilde. Wat er zich ook voor hem bevond, de hamer zou niet falen. En wanneer hij hem wierp, zou hij nooit zijn doel missen. En hoever hij ook vloog, hij zou altijd de weg terug naar zijn hand vinden. Wanneer hij dat wenste, kon de hamer zo klein zijn, dat het onder het hemd kon worden verborgen. Een nadeel was echter, dat de steel wat te kort was.

Het oordeel luidde, dat de hamer het beste van alle voorwerpen was en de beste bescherming bood tegen de vorstreuzen. Ze besloten dat de dwerg de weddenschap had gewonnen.

Loki probeert dan te voorkomen dat hij zijn hoofd verliest en vlucht. Hij wordt echter weer gegrepen maar wanneer de dwerg zijn hoofd wil afhakken protesteert Loki; hij had alleen zijn hoofd op het spel gezet, maar niet zijn hals, waar de dwerg zijn bijl op richtte. Als alternatief worden dan Loki's lippen aan elkaar vastgenaaid.

In de Gylfaginning wordt nog verteld dat Odin de gouden armring op de brandstapel legt, waarop de gedode Balder zou worden verbrand. Die ging dan blijkbaar met Balder naar het dodenrijk van de godin Hel, want toen Hermod later naar het rijk van Hel reed om de godin met dezelfde naam te vragen of Balder terug mocht keren naar Asgaard, vermeldt de Gylfaginning:

Hel zei dat uitgezocht moest worden of Balder inderdaad zo geliefd was bij iedereen, zoals werd beweerd. Wanneer alle levende en dode dingen in de wereld om hem zouden huilen, dan kon hij naar de Azen terugkeren. Maar wanneer iemand protesteerde of niet huilen wilde, dan moest hij bij Hel blijven. Hermod stond op en Balder bracht hem de zaal uit. Hij nam Draupnir, die aan Odin moest worden gegeven als herinnering.

In de *Völuspá* (de profetie van de zieneres), een gedicht uit de Poëtische Edda vertelt de zieneres dat Odin een speer werpt die een oorlog uitlokt. Hoewel hier de naam Gungnir niet voorkomt, wordt er gewoonlijk van uitgegaan, dat het deze speer was:

> Ze herinnert zich hoe op aarde
> de eerste strijd ontstond toen
> ze Gulveig met hun speren staken
> en haar verbrandden
> in de hal van de Hoge;
> driemaal verbrandden ze haar,
> driemaal werd ze opnieuw
> geboren en ze leeft nog.
>
> Ze noemden haar Heid
> en wanneer ze een huis betrad,
> die profeterende zieneres
> die de toverkunsten machtig was,
> bracht ze de mensen in de war
> en benevelde hun zintuigen.
> Ze stond in aanzien
> bij slechte vrouwen.
>
> De goden namen toen plaats
> op hun rechterstoelen

en beraadslaagden of ze
compensatie zouden aanbieden
of offers zouden moeten krijgen.

Toen slingerde Odin zijn speer
en wierp hem in het leger en
daarmee begon de eerste
oorlog in de wereld; de muur
om de burcht van de Azen werd
gebroken; ervaren strijders der
Wanen betraden het veld.

Deze strofen worden uitgelegd als het begin van de oorlog tussen de Azen en de Wanen.

Valknut
De valknut bestaat uit drie met elkaar vervlochten driehoeken en is op verschillende oude afbeeldingen te zien, waarvan eveneens wordt aangenomen dat een daar afgebeelde figuur Odin is.

Het woord 'valknut' wordt vertaald met 'knoop van de gesneuvelde krijgers'. Of het een hulpmiddel van Odin is, of eerder een symbool dat met hem in verband wordt gebracht is onzeker; er bestaan meerdere theorieën over wat de betekenis ervan zou kunnen zijn. Een ervan is, dat Odin het als 'instrument' gebruikt om iemands geest mee te binden. In een andere opvatting is het een symbool of magische gebruiksvoorwerp dat met strijd te maken zou hebben. Als symbool zou het met een doodscultus samenhangen. De naam valknut zelf is een 'moderne' vondst' – de naam is niet uit de tijd overgeleverd toen het symbool of voorwerp actief werd gebruikt.

Valknut, hier in verbinding gebracht met een doodsritueel

Valknut

Gullveigs klacht

Een gezant was ik, een gast,
in de zaal der Azen,
toen daar de goudgier toesloeg en
ze mijn macht over goud
wilden stelen.
Behandelt men zo een gast?

De rijkdom die ik schonk
vergrootte slechts begeerte
naar meer, naar alles, waardoor
ze mijn macht over goud
wilden stelen.
Behandelt men zo een gast?

Van alle zijden doorstoken
mij hun scherpe speren
en hoopten daarmee, dat
ze mijn macht over goud
konden stelen.
Behandelt men zo een gast?

In heet vuur verbrandden
ze mij drie maal na elkaar
en hoopten door mijn dood, dat
ze mijn macht over goud
konden stelen.
Behandelt men zo een gast?

nadat de boze daden faalden,
grepen ze naar slechte woorden
en hopen door kwaadsprekerij, dat
ze mijn macht over goud
kunnen stelen.
Behandelt men zo een gast?

Gullveig, door
Pollyanna Jones

Routeplaats 26: Odin en Wodan

Eeuwenlang al bestond de opvatting dat de naam 'Wodan' is afgeleid of voortgekomen uit het Proto-Germaanse en Germaanse woord '*wōdaz*', dat waanzinnig, gek, razend, buiten zichzelf, furieus, en wild betekent. Die opvatting wordt tegenwoordig in twijfel getrokken. Vanuit de wetenschap van de vergelijkende Germaanse linguïstiek komt de zienswijze, dat deze volksetymologische uitleg afkomstig is van de middeleeuwse katholieke geestelijkheid met de daaraan gekoppelde bedoeling om Wodan zo te demoniseren – zoiets zou inderdaad effectief de angst hebben aangewakkerd van de middeleeuwse mens. De Proto- en West-Germaanse woorden '*wōdina*' en '*wōdinaz*', die worden geassocieerd met profetie, voorspellen of met een goddelijke ziener, worden daarbij gezien als de oudere, eigenlijke oorsprong voor de naam Wodan.

Een tweede kwestie is de aanname sinds de 19e eeuw, dat Wodan en Odin twee namen zijn voor dezelfde god. De oudste bron hiervoor is de geestelijke en geleerde Adam van Bremen die in de 11e eeuw leefde. Deze berichtte onder andere in zijn in het Latijn geschreven vierdelig werk GESTA HAMMABURGENSIS ECCLESIAE PONTIFICUM (De geschiedenis van de kerk van Hamburg), over heidense praktijken met betrekking tot Wodan in de Zweedse stad Uppsala:

In deze tempel, die volledig is bekleed met goud, aanbidden de mensen de beelden van drie goden en wel zodanig, dat de machtigste van hen, Thor, gezeten is op een troon in het midden van de zaal; Wodan en Frikko hebben zetels aan beide kanten van hem. De betekenis van deze goden is als volgt: Thor, zo zeggen ze, heerst over de luchten, en daarmee over donder en bliksem, wind en regen en gunstig weer voor de gewassen. De andere, Wodan – dat betekent, de Furieuze – heerst over oorlogen en schenkt de mens kracht in de strijd tegen zijn vijanden. De derde is Frikko, die de stervelingen vrede en genoegen schenkt.

Hoewel Adam van Bremen de naam Wodan noemt bij deze beschrijving van heidense goden in Scandinavië, was in die tijd de naam Odin (Óðinn) allang bekend, de Engelse monnik en geleerde Ælfric van Eynsham, die in de 10e eeuw leefde, schrijft, dat de Denen hem Oðon (Óthin?) noemen.

Het is heel waarschijnlijk, dat Adam van Bremen dan ook helemaal geen Noordse naam gebruikte, maar een Saksische naam uit zijn eigen omgeving – daar was de naam Wodan bekend. Ondersteund wordt die opvatting door het noemen van nog een andere Saksische naam: Frikko. De Saksen, samen met misschien ook een paar buurvolkeren, kenden Wodan en tijdens de grote trek naar Engeland in de 5de eeuw brachten zij deze god mee: Woden.

De vraag kan helaas niet meer beantwoord worden, of Van Bremen Wodan en Odin zag als een en dezelfde god, of dat hij genoeg overeenkomsten tussen twee verschillende goden zag om de Saksische naam te gebruiken voor een Noordse god; zo ongeveer als de Slavische god Perun en Donar als twee goed vergelijkbare goden worden gezien.

Dat betekent zeker niet, dat vanaf nu Odin en Wodan als twee verschillende goden moeten worden gezien, het maakt alleen duidelijk, dat de zienswijze dat het twee namen voor één en dezelfde god zijn, een geaccepteerde interpretatie is, en geen vaststaand bewezen feit.

Adam van Bremen was trouwens niet de enige, die zuidelijke namen gebruikte voor Scandinavische goden. de Langobardische geestelijke en geleerde Paulus Diaconus, die in de 8ste eeuw leefde, had het over de Deense goden "Waten en Thonar". Mogelijk vanwege zijn gebrek aan kennis met betrekking tot de Oudnoordse namen van de Scandinavische goden (Odin en Thor) gebruikte hij ofwel de namen van de overeenkomstige Saksische goden, die hij aan het hof van Karel de Grote hoorde, of hij gebruikte de namen die hij van zijn Angelsaksische informanten hoorde; de vraag herhaalt zich: Betreft het ook hier andere namen voor dezelfde goden of namen van verschillende goden die veel overeenkomsten hadden met de Scandinavische?

De sagen en volksverhalen op het Europese vasteland over Wodan gaan bijna allemaal over een eenzame reiziger, ze vertellen niets over de goddelijke familie-aangelegenheden, zoals die verhaald worden in de Noordse mythologie rondom Odin.

De vermelding van Wodan in Oud-Engelse documenten is voornamelijk beperkt tot koninklijke stambomen en de namen van de dagen van de week. Wodan komt bijvoorbeeld voor in de 'Historia Britonum', een in de 8ste eeuw geschreven werk door Nennius, een historicus en monnik uit Wales.

Intussen kwamen drie schepen met bannelingen uit Duitsland in Engeland aan. Ze stonden onder leiding van de broers Horsa en Hengist, die zonen waren van Wihtgils. Wihtgils was de zoon van Witta; Witta van Wecta; Wecta van Woden; Woden van Frithowald; Frithowald van Frithuwulf; Frithuwulf van Finn; Finn van Godwulf; Godwulf van Geat, die naar zeggen de zoon van een god was, ...

Enigszins verwarrend wellicht is het noemen van zowel 'Woden' als ook 'Geat', dat ook wordt gezien als een Odinsnaam.

Het noemen van zijn naam in middeleeuwse Latijnse literatuur van het Europese vasteland is ofwel discutabel of waarschijnlijk afkomstig uit de Angelsaksische bronnen. Het gebrek aan substantiële informatie over een continentale en Angelsaksische Wodan maakt een vergelijking met de Noorse Odin zeker aantrekkelijk, maar er blijven wel vraagtekens bestaan.

Waarschijnlijk al eerder, maar op z'n laatst na de kerstening van het Europese vasteland verdween Wodan vele eeuwen lang uit het bewustzijn van de gewone mensen en verschijnt pas weer in de 16e eeuw, waar hij dan niet meer wordt gezien als een god, maar als een boze koren demon:

> Tegen de oogsttijd hebben de boeren de hulp van de afgod Wodan ingeroepen om goed graan te

krijgen. Nadat de rogge was geoogst, werd aan de rand van elke akker een klein stukje van het graan niet gemaaid; de aren daarvan werden aan de bovenkant drievoudig samengebonden en (met water?) besprenkeld. Daar omheen verzamelden de boeren zich, namen hun hoeden af en zetten hun zeisen tegen elkaar net als bij het samengebonden graan en riepen dan driemaal de naam van de duivel Wodan. Ze aanbaden hem ook, waarbij ze zeiden:

Wode,
hier is voedsel voor uw paard,
Nu distel en doorn,
Volgend jaar beter koren!

Deze afgodendienst is tijdens het pausdom gehandhaafd, dus op die (katholieke) plaatsen waar voorheen heidenen woonden. Tijdens de oogsttijd, waren er veel landarbeiders die deze bijgelovige gewoonte van het inroepen van Wodan uitoefenden.

Vertaald citaat uit "Wild Hunt and Furious Host", blz. 105.

Odin vecht met de Fenris wolf

Routeplaats 27: Odins zonen

De drie goden Thor, Balder en Vali zijn de enigen, die in praktisch alle brongroepen als zonen van Odin worden genoemd, dus in de Proza- en Poëtische Edda, in de gedichten van de skalden en in de Gesta Danorum. Dat betekent natuurlijk niet, dat de anderen die in minder bronnen worden genoemd, geen zonen van Odin zouden zijn.

In de Poëtische Edda, in de Völuspá vertelt een zieneres Odin, dat zijn zoon Vidar hem zal wreken. In de Proza Edda, in de Skáldskaparmal staat, dat de reuzin Grid, die de moeder is van Vidar, Thor helpt bij de strijd met de reus Geirrod. Beide teksten samen maken dan duidelijk wie de ouders van Vidar zijn.

In verschillende kenningen in het laatste gedeelte van de Skáldskaparmal worden de goden Tyr, Bragi, Hodr en Heimdall eveneens als zonen van Odin omschreven.

Hier is dan een van die tegenstrijdigheden, waarbij als vader van Tyr iemand anders wordt genoemd:

Het lied van Hymir, een gedicht uit de Poëtische Edda, verhaalt over een probleem bij de organisatie van een feest. Wanneer de Azen er bij Ægir op aandringen voor hen een groot feest in zijn eigen zaal te organiseren, stelt deze als voorwaarde, dat ze hem een ketel moeten bezorgen, die groot genoeg is om voor het hele gezelschap bier in te brouwen. Toen deze geen ketel konden vinden die groot genoeg was, kwam Tyr met een oplossing:

Ten oosten van de Eliwagar,
daar, waar de hemel eindigt,
woont de wijze Hymir,
de moedige, en mijn vader,
die een machtige ketel bezit
wiens diepte een mijl is.

In het deel van de Skáldskaparmál, waar diverse goden worden getypeerd, staat in hoofdstuk 8 over Heimdall:

> Hoe kan Heimdall worden omschreven? Door hem de zoon van negen moeders te noemen, of, zoals al werd beschreven, Wachter der goden, of Witte god, Loki's vijand, Zoeker van Freyja's halsketting. Een zwaard draagt de naam 'Heimdall's Hoofd', want er wordt verteld, dat het het hoofd van een man doorboorde. Dat verhaal staat in Heimdalls Toverlied en sindsdien wordt een hoofd 'Heimdalls Maatstaf' genoemd en een zwaard 'noodlot der mensen'. Heimdall bezit Gulltopp. Heimdall heet ook 'Bezoeker van Vagasker en Singastein', waar hij met Loki streed om de halsketting Brisingamen en hij wordt ook wel Vindler (iemand die wendt, draait, keert) genoemd. Ulf Uggason dichtte daarover een lange passage in het 'Huisgedicht', waarin wordt verteld, dat ze daarbij de gedaante van zeehonden hadden aangenomen. Heimdall is ook een zoon van Odin.

Daarmee zijn de moeders en vader van Heimdall bekend. De god Hermod wordt in meerdere oude documenten als zoon van Odin genoemd, maar in één van de hoofddocumenten voor de Eddas, wordt hij als dienaar van Odin geïnterpreteerd. Om het nog wat verwarrender te maken, treedt in enige oude teksten Hermod op als een menselijke held.

In de Thulur (*Nafnapulur*), een vaak weggelaten deel van de Skáldskaparmál staat een strofe, waarin de zonen van Odin worden opgesomd:

Verwekt door Odin zijn:
Balder en Meili,
Vidar en Nep,
Vali, Ali,
Thor en Hildolf,
Hermod, Sigi,
Skjold, Ungvi-Freyr
en Itreksjod,
Heimdall, Sæming
Hoder en Bragi.

Sigi is de grondlegger van het adellijke geslacht der Volsungen, bourgondische heersers die over het Frankenland regeerden, Skjold is de stamvader van de Skjöldingen, een dynastie van Deense koningen. Yngvi wordt als de eerste voorouder van het Zweedse koningshuis der Ynglingen gezien en Sæming stichtte een koninklijke dynastie in Noorwegen. Soms wordt het 'moderne' vermoeden geuit, dat dit zonen van Odin waren uit verbintenissen met mensenvrouwen – alweer een poging tot het opleggen van logica.

Ook de zoon Yngvi-Freyr schept zekere verwarring; het is onzeker, of dit dezelfde persoon is als de God Freyr, de broer van Freyja, want die worden immers meermaals als kinderen van de god Njord genoemd. In sommige oude documenten is Yngvi-Freyr uit de lijst van Odinszonen vervangen door Ölldner or Ölner – misschien om zich te ontdoen van één van de 'inconsistenties'.

Hildolf and Itreksjod kunnen eveneens stamvaders zijn geweest van legendarische dynastieën, maar daarover bestaan verder geen duidelijke aanwijzingen.

Wellicht omdat over Ali verder niets bekend is, wordt soms gegist, dat het een schrijffout zou zijn waarbij de letter 'V' is vergeten – Vali.

Nep (Nepr) wordt ook genoemd als de vader van Nanna, de echtgenote van Balder; in dat geval zou Balder dan met zijn nicht zijn getrouwd – zulke huwelijken worden wel eens bij de Wanen vermoed, maar zijn eigenlijk niet gebruikelijk in de Oudnoordse literatuur.

Van de zojuist geciteerde strofe bestaan verschillende Oudnoordse versies; de twee laatstgenoemde namen, Hoder en Bragi, ontbreken bij andere versies en Tyr komt in geen enkele versie van deze strofe voor als zoon van Odin. Maar eerder in de Skáldskaparmál staat bij de typering van Tyr:

> Hoe kan Týr worden omschreven? Door hem de eenhandige god te noemen, verzorger van de wolf, oorlogsgod, zoon van Odin.

De IJslandse Herraud saga, die zich in Zweden afspeelt, noemt nog een zoon van Odin, en wel Gautr, de stamvader van de koningsdynastie van Gotland. In andere geschriften wordt Gautr als een bijnaam van Odin gegeven. Of het bij beide om dezelfde persoon gaat, of dat het zowel een zoon als ook een bijnaam van Odin is, komt niet uit boven speculatief niveau.

In sommige oude documenten worden nog een achttal meer zonen van Odin genoemd, waarover echter verder in dat verband niets bekend is, dat zijn: Ennelang, Eindride, Bior, Hlodide, Hardveor, Sönnöng, Vinthior en Rymur. In de ter beschikking staande bronnen werden deze namen echter alleen gevonden in enige Duitse en Skandinavische werken uit de 18e en 19e eeuw.

In twee versies van de Hervarar saga, die in de 13e eeuw werden opgeschreven, wordt Sigrlami, die koning was over een groot gebied in Oost-Europa (Gardariki), als zoon van Odin genoemd. Zijn zoon was Svafrlami die in het bezit kwam van het legendarische en vervloekte zwaard Tyrfing. De vloek was, dat wanneer de eigenaar het trok, hij een man moest doden.

In het vierde deel van de Gesta Danorum wordt Froger, een Noorse krijgerkoning eveneens een zoon van Odin genoemd:

> Volgens sommigen was hij de zoon van Odin, en toen hij de onsterfelijke goden smeekte hem een gunst te verlenen, kreeg hij het privilege dat niemand hem zou verslaan, behalve degene, die tijdens een gevecht het zand in zijn hand had dat onder de voeten van Froger lag.

Koning Fródi van Denemarken, een nog jonge man, had van de tover gehoord en smeekte Froger om hem les te geven in het zwaardvechten. Nadat het gevechtsterrein was afgebakend, betrad Fródi het met een prachtig zwaard met een gouden gevest en hij droeg een gouden pantser en helm. Fródi vroeg Froger toen of ze plaats en wapens konden ruilen. Froger ging daarmee accoord. Toen ze dat hadden gedaan, pakte Fródi wat zand waar Froger zojuist stond en toen versloeg hij Froger in een kort gevecht en doodde hem.

Magertjes

Ja, ik ben een God, nou ja, dat denk ik vaak,
en jij bent een Godin.
Al ben ik niet van jou en jij ook niet van mij,
toch zijn we bij elkaar.

Een God of een Godin te zijn
voelt eigenlijk best fijn.

Maar voor de kassa moet ik wachten,
op het werk ben ik geen chef,
de wetten gelden ook voor mij,
en bij mij thuis daar heerst een kat.
Alleen de hond, die is mijn trouwe dienaar
en doet heel braaf wat ik beveel:

Wodan! Zit!

Routeplaats 28:
Odins dochters

Veel Oudnoordse mythen werden door de Duitse componist Richard Wagner (1813 – 1883) verwerkt in zijn vierdelige opera cyclus De Ring van de Nibelungen. Daarin worden de Walkuren als negen dochters van Odin opgevat, die hij had bij verschillende vrouwen. In de mythologie zelf wordt dat niet expliciet gezien. Mogelijk berust Wagners bewering op een interpretatie van een couplet uit de Thulur, waar aan het begin van de lijst met namen van Walkuren vermeld staat, dat het 'Odins meisjes of maagden' (*Óðins meyjar*) zijn; dat wordt soms opgevat als Odins dochters.

> Dan zijn er nog anderen,
> dat zijn Odins meisjes:
> Hildr en Göndul,
> Hlökk, Mist, Skögul.
> En ook nog Hrund en Mist
> Hrist, Skuld, zegt men.

In een andere versie komt 'Mist' niet voor. In plaats daarvan staat daar 'Eir'.

Soms wordt er beweerd, dat Saga, met wie Odin dagelijks drinkt en van haar allerlei nieuws hoort, zijn dochter zou zijn. Een zoektocht in de Oudnoordse bronnen geeft daarvoor echter geen aanwijzingen. Die bewering berust op de zogenaamde Vinland Saga; dat in tegenstelling tot wat soms gedacht wordt, geen oud geschrift is, maar een modern fantasy werk, een historisch geïnspireerde Mangaserie van Makoto Yukimura, die sedert 2005 verschijnt en inmiddels meer dan 2000 bladzijden omvat. Dit mag niet worden verward met een tweetal saga's die samen de Vinland-Sagas heten; dat zijn de saga van de Groenlanders en de saga van Erik de Rode.

Verder bestaat er een tamelijk obscure theorie, dat de godin Gefjon een dochter van Odin zou zijn. Dat wordt nergens in de oude bronnen vermeld, maar in de Ynglinga saga wordt verteld, dat Gefjon in Odins opdracht land zoekt en het erna ook beheert. Dat wordt dan vergeleken met andere situaties, waar Odin zonen aanstelt als heersers over bepaalde landen. Omdat Gefjon trouwt met Skjold, die als een zoon van Odin wordt genoemd, is die theorie heel problematisch; huwelijken tussen broer en zus worden in de Oudnoordse literatuur niet als een legitiem gebruik gezien.

Wellicht heeft Odin behalve flink wat zonen ook dochters gehad. Die worden verder dan niet genoemd en dat is in de door mannelijke personages sterk gedomineerde Noordse mythologie zeker jammer, maar niet merkwaardig.

Wanneer ik

zoek naar wat wijsheid, zoals Odin deed,
leef in meer werelden, zoals Odin deed,
me uitleef in extase, zoals Odin deed,
vooruitzie naar wat komt, zoals Odin deed,
vecht wanneer dat nodig is, zoals Odin deed,
het leven intens geniet, zoals Odin deed.
dan noem mij Odinsdochter.

Routeplaats 29:
Offergaven aan Odin

Terug naar Odin

Van onder een brede schaduwrijke hoed
hoor ik zijn stem die mij vriendelijk groet,
een twinkelend oog kijkt me wetend aan,
en ik blijf staan.

Flarden herinneringen komen omhoog
van oude goden en een regenboog,
kennis keert terug van lang geleden
in het heden.

Mijn kind, al had je mij vooreerst vergeten,
diep verborgen had je nog het weten.
Je weet nu ook dat ik jou niet vergat,
op jouw pad.

Mijn hart en ziel offer ik aan u mijn Heer,
Vergeten zal ik u niet nog een keer.
Zijn vergevende hand beroert dan licht
mijn blij gezicht.

In de Heimskringla, in de saga van koning Haakon de Goede, wordt verhaald over een conflict tussen de koning, die het christelijke geloof had aangenomen en de heidense bewoners van het land:

Het was een oud gebruik, dat bij offerfeesten alle landbezitters naar het tempelterrein kwamen en alles meebrachten dat nodig was gedurende de feestelijkheden. Ze brachten bier mee; en al het meegebrachte vee, inclusief de paarden, werden geslacht en het bloed dat werd opgevangen, noemden ze 'hlaut' en de vaten waarin het werd verzameld heetten 'hlaut-vaten'.Er werden Hlautstokken gemaakt met kwasten eraan, waarmee de altaren en de tempelmuren, zowel binnen als buiten met dat bloed werden besprenkeld. Ook de mensen werden ermee besproeid, maar het vlees werd voor de aanwezigen hartig gekookt. Het vuur bevond zich in het midden van de tempelvloer waarboven de ketels hingen. Boven het vuur werden bekers uitgereikt. Degene die het feest organiseerde was de leider en deze zegende de volle bekers en al het offervlees.

De eerstgevulde bekers noemde men Odinbekers en daarmee werd gedronken op de zege en kracht voor de koning. De weer gevulde bekers voor de volgende drinkronde heetten Njord- en Freyja bekers en daarmee werd gedronken op de vrede en een goede oogst. Velen volgden daarna ook nog het gebruik om een Bragi-beker uit te drinken en daarna nog een gedenk-beker ter herinnering aan gestorven vrienden.

De koning hoorde bij deze heidense ceremonies mee te doen, maar zijn christelijk geloof verbood hem dat. De koning voelde dat als een krenking en nam daarop later zijn heidense religie weer aan.

In Zweden, waar de bevolking de koning niet alleen koos, maar ook kon afzetten, werden na jaren van schaarste en nood de twee koningen Domalde en Olof Trätälja, beide van de Yngling-dynastie, verbrand als een zoenoffer aan Odin.

De Ynglinga saga vermeldt in hoofdstuk acht drie offer ceremonies:

> Op de eerste dag van het winterseizoen moest een bloedoffer gebracht worden voor een goed jaar, in het midden van de winter voor een goede oogst en het derde offer was op de 'zomer-dag' voor de zege in de strijd.

Toelichting:
- 1. De 'zege in de strijd' was een offer aan Odin.
- 2. Zomer-dag: naar de kalender destijds was dat een dinsdag tussen 19 en 25 april.
- 3. De eerste winterdag: ongeveer halverwege oktober.
- 4. Midwinter: een vrijdag tussen 19 en 25 januari.

In de Gautrek saga, waarvan de oudste schriftelijke neerslag aan het einde van de 13e eeuw wordt vermoed, is koning Vikar een koninklijk mensenoffer aan Odin:

> Koning Vikar vertrok uit Agder en zeilde met een groot leger noordwaarts naar Hordaland. Hij

geraakte echter in ongunstige winden en moest daarom voor anker gaan bij een groepje kleine eilanden. Ze probeerden met behulp van waarzeggerij te weten te komen wanneer er een gunstige wind zou komen en ze kregen te horen, dat Odin wachtte op het offeren van iemand van het leger. Het slachtoffer zou door het lot worden bepaald. Het hele leger trok meerdere malen loten en elke keer viel het lot op koning Vikar. Hierdoor was iedereen erg geschokt en er werd besloten, dat alle aanvoerders de volgende dag zouden vergaderen om dat probleem te bespreken.

Weliswaar werd er daarna geprobeerd te voorkomen, dat de koning moest worden geofferd, maar tenslotte kon hij er niet onderuit en werd inderdaad door ophanging aan Odin geofferd.

In het skaldenlied '*Sonatorrek*' (het onherstelbare verlies van zonen), gecomponeerd door Egill Skallagrímsson (ca. 910-990), bewaard gebleven als deel van de IJslandse 'Egils saga', die zich rond 850 in Noorwegen afspeelt, wordt een offer aan Odin vermeld, als dank voor hulp van de god in de strijd:

> Ik breng geen offer aan de
> broeder van Vili, de beschermer
> der goden omdat ik popel dat te doen;
> maar, wanneer ik het positieve ervan
> bezie, heeft Mimirs vriend mijn
> tekortschieten gecompenseerd.

De vijand van de wolf, de
ervaren strijder, gaf mij het
onfeilbare vermogen om van
klaarblijkelijke vijanden
rusteloze lafaards te maken.

Toelichting:
- 1. 'de broeder van Vili', 'Mimirs vriend' en 'vijand van de wolf' zijn alle kenningen voor Odin.
- 2. Het offer wordt weliswaar gebracht, maar vanwege het opgeleverde rendement en niet omdat het verlangen nu zo groot is om een offer te brengen.

Odins aankomst in Zweden en de ontmoeting met Gylfi

Odin

Midgaard, waar de
wouden krijsen,
en zeeën huilen,
dieren jammeren
en kinderen sterven;
Odin ziet verbijsterd
hoe de vrije wil
van zijn schepping
is ontaard.

Routeplaats 30: Odin en Saxo

Net als Snorri Sturluson gaat ook Saxo Grammaticus er vanuit, dat Odin vanuit het zuidoosten van Europa naar het noorden emigreerde. Maar waar anderen het land van oorsprong Asgaard noemen, heet dat 'koninkrijk in het oosten' bij Saxo 'Byzantium'.

Eveneens net als zijn geleerde tijdgenoten ziet ook Saxo de Azen en Wanen als mensen, zelfs als 'slechte' mensen.

Desondanks geeft zijn Gesta Danorum (De daden der Denen) flink wat informatie met betrekking tot de Noordse mythologie. Veel ervan is bij het vergelijken met de Proza Edda en de Heimskringla goed herkenbaar, maar op een aantal plaatsen wijkt het ook opvallend af. Daarom bestaat het vermoeden, dat hij minstens ten dele uit andere oude bronnen dan Snorri putte. Over die verschillen is al lang en breed gediscussieerd. Vaak wordt er vanuit gegaan, dat de gebeurtenissen en personen in de Proza Edda en de Gesta Danorum identiek zijn; echt wetenschappelijk onderbouwd is die zienswijze echter niet. Een heel opvallend verschil tussen de beide werken is bijvoorbeeld het verhaal van de dood van Balder:

In de Proza Edda is Balder onkwetsbaar, alleen het plantje de maretak kon hem schade berokkenen. Wanneer de goden zich amuseren door allerlei dingen naar Balder te gooien, 'helpt' Loki de blinde God Hodr om ook een pijl op Balder af te schieten. Omdat Loki een pijl, gemaakt van maretak aan Hodr had gegeven, wordt Balder dodelijk getroffen.

Bij Saxo is een heel ander verhaal te lezen:

De halfgod Balderus en de menselijke held Hotherus, die verwant is met het Deense en Zweedse koningshuis, dingen beide naar de hand van de koningsdochter Nanna. Zij wijst Balderus af omdat ze vindt, dat de verschillen tussen een god en een mens te groot zijn om te kunnen huwen. De smoorverliefde Balderus geeft niet op en de twee rivalen vechten verschillende veldslagen tegen elkaar. Wanneer het erop lijkt, dat Balderus wint, krijgt Hotherus magische hulp van enige bosnymphen en kan hij Balderus een dodelijke wond toebrengen. Hotherus krijgt daarna Nanna als vrouw.

In de Edda daarentegen is Nanna de echtgenote van Balder.

Bij de Routeplaats 11 was al kort iets te lezen over Odins vrijwillige, zelfopgelegde verbanning. Saxo's beschrijving daarvan luidt:

Destijds werd Odin in heel Europa aanbeden, ten onrechte! Hij verbleef blijkbaar het meest in Uppsala. Het liefst bezocht hij die plaats, hetzij vanwege de eenvoud van de bewoners of vanwege de prachtige omgeving. De koningen van het noorden wilden zijn goddelijke status geestdriftig eren en lieten van hem een gouden standbeeld maken, en zij stuurden dit met veel pracht en praal als een teken van hun toewijding naar Byzantium. Bij die gelegenheid waren hun armen versierd met zware gouden armbanden. Odin was natuurlijk blij met dat blijk van zijn hoge

aanzien en hij beloonde zijn volgelingen rijkelijk. Maar zijn vrouw liet al het goud van het beeld door enige smeden verwijderen en liet daarvan sieraden voor zichzelf maken om er nog mooier uit te zien. Daarop liet Odin die mensen ophangen en zijn standbeeld op een voetstuk plaatsen en met behulp van zijn trollenkunsten zorgde hij ervoor dat het beeld een klank gaf wanneer mensen het aanraakten. Maar Frigg was zo verblind door haar prachtige gewaad, dat zij Odins goddelijk aanzien veronachtzaamde. Ze gaf zichzelf aan een slaaf en deze stookte haar op om het beeld te vernietigen om het goud ervan, dat toch maar het bijgeloof diende, zelf te kunnen verbrassen. Zo wierp ze haar eer en fatsoen overboord om haar hebzucht te kunnen bevredigen. Zo'n vrouw was het niet waard met een god getrouwd te zijn! Moet ik er nog aan toevoegen, dat een god een dergelijke vrouw niet waard was? Ja, de mensen waren destijds verblind, op dwaalwegen geleid.

 Odin was heel geërgerd door dit dubbele vergrijp van zijn vrouw, hij voelde zich uitermate gekwetst door de ontheiliging van zijn standbeeld en zijn bed. Zijn misnoegen was zo groot door deze tweevoudige schande, dat hij vrijwillig in ballingschap ging. Alleen op die manier, zo meende hij, kon hij de hem aangedane smaad uitwissen.

In het zesde deel van zijn werk geeft Saxo nog even heel duidelijk zijn mening over de Noordse goden en hun aanhangers:

> Sinds mensenheugenis hebben namelijk Thor, Odin en nog een paar anderen, die bedreven waren in de kunsten der trollen en die verbazingwekkende vaardigheden op het gebied van de hekserij bezaten, de simpele mensen ingepalmd en zichzelf aangematigd een goddelijke status te hebben. Ze lokten de mensen in Noorwegen, Zweden en Denemarken, vertrouwend op de lichtgelovigheid van die mensen, in hun netten. Ze verleidden ze ertoe om hen goddelijke eer te bewijzen. Daardoor bevlekten ze de mensen geheel met hun verderfelijke begoochelingen. Hun succesvolle bedriegerijen namen zoveel toe, dat de mensen hen voor goden of afstammelingen van de goden hielden en hun als goddelijke machten vereerden. Ja, ze aanbaden zelfs die godslasterlijke bedriegers en vereerden ze op een wijze, die alleen maar heilige dingen toestaat.

Nanna's hart

k voel me een speelbal
in de bloedige oorlog
die liefde wordt genoemd.

Mijn hart gaat uit
naar beide,
het verscheurt mijn
zielerust.

Met een van
de twee is het
onmogelijk om
als man en vrouw
te leven.

En wanneer ik
de ander kies,
wordt zijn leven
door de eerste
bedreigd.

Nu bevechten
mijn beide
geliefden elkaar
en wie er
daarbij ook wint,
mijn hart zal
altijd treuren om
de ander.

Ik voel me een speelbal
in de bloedige oorlog
die liefde wordt genoemd.

Nanna

Midwinterritueel in de tempel te Uppsala

Houtsnede, voorstellend de tempel in Oud-Uppsala, gewijd aan drie Azengoden.

Routeplaats 31: Odin en Adam van Bremen

Bij Rtouteplaats 26 werd al een stukje uit het werk van Adam van Bremen geciteerd. Maar dat is nog niet alles wat hij over Odin heeft op te merken. Over hoe de mensen Odin uitbeelden schrijft hij:

> Ze beelden Wodan gewapend uit, zoals de mensen hier dat met Mars plegen te doen.

En verder weet Adam nog te berichten:

> Voor al hun goden hebben ze speciale priesters, die uit naam van het volk aan de goden offeren. Wanneer de pest of een hongersnood dreigt, dan wordt er aan de afgod Thor geofferd, bij oorlogsdreiging aan Wodan en wanneer er een bruiloft wordt gevierd aan Fricco.
> Ook vieren alle Zweedse landen elke negen jaar gezamenlijk een feest in Ubsola. Maar voor dit feest krijgen de mensen geen vrijstelling van diensten en plichten. De koningen en het volk sturen allemaal hun gaven naar Ubsola, en - wat nog wreedaardiger is als elke straf – degenen die het christelijke geloof al hebben aangenomen moeten zich van die ceremonies vrijkopen.
> Het offer daarbij wordt als volgt uitgevoerd: van elke soort mannelijke wezens worden er

negen geofferd. Het is hun gebruik, dat het bloed daarvan bedoeld is als verzoening met de goden. De lichamen worden echter in het heilige bos dat zich naast de tempel bevindt opgehangen. Dit bos is namelijk voor de heidenen heel heilig, omdat ze menen, dat elke boom geheiligd wordt door de dood en ontbinding van de geofferde wezens. Daar hangen honden en paarden naast mensen en een christen vertelde mij, dat hij 72 van die door elkaar hangende lichamen had gezien. Overigens zijn de vele liederen die men tijdens het volbrengen van een dergelijk offer pleegt te zingen, schandelijk en kunnen daarom beter worden verzwegen.

Adam van Bremen noemt de drie godennamen Thor, Wodan en Fricco wanneer hij het heeft over hun verering in Uppsala. Thor is een Noordse naam. Fricco en Wodan zijn dat echter niet. Hoogstwaarschijnlijk doelde Adam op de Noordse goden Freyr en Odin. Onder die namen waren beide goden in Scandinavië al bekend tijdens Adams leven. Vermoedelijk kende hij de juiste namen niet en gebruikte daarom Saksische namen van goden uit het gebied waar hij woonde. Er kan geen zekerheid over worden gegeven, of Adam namen koos van Saksische goden die goed konden worden vergeleken met de bedoelde Noordse goden, of dat het Saksische en Noordse namen waren voor dezelfde goden. Dat laatste wordt gewoonlijk aangenomen, maar het blijft een interpretatie. (Zie ook: Routeplaats 26)

In elk geval was Adam, voor zover bekend, zelf nooit in Zweden. Hij is hoogstwaarschijnlijk niet noordelijker gekomen dan een bezoek aan het koninklijke hof van de Deense koning Sven Estridsson. Hij heeft zijn informatie dus niet uit eigen observaties verkregen.

> De 'feiten' van Adam van Bremen worden nog onzekerder, bezien in het licht van recenter onderzoek: in 1988 publiceerde de Zweed Henrik Janson zijn dissertatie "Templum Nobilissimum", waarin hij grote delen van Adam's Uppsala-tekst in twijfel trekt. Janson ziet, en intussen heeft hij daarbij navolging gevonden, Adam's beschrijving als een politieke zet; in Uppsala bestond ten tijde van Adam van Bremen al langere tijd een christelijke kerk. Deze was echter Frankisch en werd door de Noord-Duitsers als concurrent, zelfs als vijandig gezien. Deze kerk te beschrijven als heidense tempel zou daarom als stemmingmakerij hebben gediend, en Adam zou daarbij informatie over heidense praktijken van elders gebruikt hebben. Zelfs de plaats waar destijds dat "Ubsola" lag, wordt betwijfeld, is dat Ubsola misschien helemaal niet het huidige Uppsala? De "Templum Nobilissimum" is tot op heden niet in andere talen vertaald en is daarom buiten Zweden nauwelijks bekend.
>
> Citaat uit: Het Mercurius - Wodan complex, blz. 47-48.

De wereldboom Yggdsrasil, door F.W. Heine

Routeplaats 32:
De bijnamen van Odin

De volgende – niet volledige – lijst van mogelijke bijnamen van Odin is afkomstig uit de hiervoor in dit boek meermaals genoemde geschriften van en over de Vikingtijd, enkele namen uitgezonderd. Er bestaan wel meer dergelijke bijnamen, maar een aantal ervan die hier niet vermeld zijn, zijn zeer omstreden. Een aantal van de namen in deze lijst zijn eveneens betwistbaar. De kolom met de bronnen heeft betrekking op de Oudnoordse teksten en niet op vertalingen.

NAAM	BETEKENIS	BRON
Aldaföðr	Vader van de mensen, van de tijd of van de wereld	Óðins nöfn 1 * Vafþrúðnismál 4, 53
Aldagautr	Gautr van de mensen, van de tijd of van de wereld. Gautr zou 'vader kunnen betekenen of verwijzen naar het volk der Gauten.	Baldrs draumar 2
Alföðr	Alvader	Gylfaginning 14, Völuspá 1
Algingautr	De oude Gautr (vader?)	IJslands runengedicht 4

NAAM	BETEKENIS	BRON
Angan Friggjar	Frigg's Vreugde	Völuspá 54
Arnhöfði	Adelaarshoofd	Óðins nöfn 2
Atriðr	Aanvaller	Grímnismál 48
Asagrim	Heer van de Azen	Stolt Herr Alf
Auðun	Vriend van rijkdom en overvloed	Óðins nöfn 1
Bági ulfs	Vijand van de wolven	Sonatorrek 23
Baldrsfaðr	Balder's vader	bron onbekend
Báleygr	Vlammende ogen, Vindingrijke ogen, hij, met de vurige ogen	Grímnismál 47
Biflindi	Speerwerper, Schildzwaaier, Hij, die een beschilderd schild draagt	Grímnismál 49
Bifliði	Hij, die legers doet beven	Gylfaginning 2
Byrlindi	zie: Biflindi	Turlaugsrímur III
Blindi, Blindr	Blind, de Blinde	Gylfaginning, Helgakviða Hundingsbana II
Brúni, Brúnn	De bruine (beer)	Óðins nöfn 6
Böðgæðir	Strijd-Versterker, Hij die strijdlust verhoogt	bron onbekend

NAAM	BETEKENIS	BRON
Bileygr	Knipperende of Flakkerende ogen	Grímnismál 47
Bölverkr	Boosdoener, Leed – of Ongeluksbrenger	Grímnismál 47
Draugadróttinn	Heer van de ondoden	Ynglinga Saga
Dresvarpr	?	Óðins nöfn 2
Farmagnuðr, Farmögnuðr	Reizende gevolmachtigde	Háleygjatal, Skáldskaparmál
Farmaguð, Farmatýr	God van vrachtgoed	Grímnismál 48, Gylfaginning, Skáldskaparmál
Fengr	Brenger, Verleider, Vanger, Grijper	Óðins nöfn 2
Fimbulþulr	Machtige redenaar, Machtige onthuller, Machtige wijze	Hávamál 80 en 142
Fimbultýr	Machtige god	Völuspá 60
Fjölnir	De Wijze, de Verzwijger	Grímnismál 47, Reginsmál 18, Gylfaginning 2 en 19
Fjölsviðr	Hij, die heel wijs is	Grímnismál 47

163

NAAM	BETEKENIS	BRON
Fráríðr, Fráríði	Hij, die wegrijdt	Óðins nöfn 2, Grettisrímur III 1, Sturlaugsrímur VI 47
Fundinn	De Oprichter, de Stichter	Óláfsrímur Tryggvasonar A III, 1
Gangleri	Hij, die moe is van het lopen	Grímnismál 46
Gagnráðr	Profijtgevende adviseur, Raadgever die het tegengestelde adviseert, Reisadviseur	Vafdrudnismál 8ff
Gautatýr	God van de Goten	Hákonarmál 1
Gautr, Gaut	Gotlander(?)	Grímnismál 54 e.a.
Gestumblindi	Blinde gast	Hervarar saga 10, þulur, Óðins nöfn 7
Glapsviðr	Ervaren verleider, Snel in het misleiden, Handige bedrieger, Uitlokker van irritatie, Bekwaam bij magische spreuken	Grímnismál 47
Göndlir, Gondlir	Stafdrager, Stafhouder, Tovenaar	Gylfaginning, Grímnismál 49

NAAM	BETEKENIS	BRON
Grímnir	De Gemaskerde, de Vermomde	Grímnismál 47, 49
Grímr	De Gemaskerde	Grímnismál 46f
Hangadróttinn	Heer van de gehangenen	Ynglinga Saga
Hangatýr (Hangagud)	Hang-god	Reflexie op de Hávamal 138, en bij de Skalden
Hár	De Hoge, de Grijze	Hávamál 109, 111, 164
Hárbarðr	Grijsbaard	Grímnismál 49
Hárr	De Hoge, de Grijze	Grímnismál 46
Hávi, Havi	De Hoge	Hávamál 109, 111, 164
Herblindi	Hij, die het vijandelijke leger verblindt	Grímnismál 46
Herföðr	Vader van het leger	Völuspá 29, 43, Hyndluljóð 2 Grímnismál 19, 25, 26 Vafthrúdnismál 2
Herjann	Leider van het leger, Krijgsheer	Völuspá 30, Grímnismál 46, Guðrúnarkviða 19
Herteitr	Krijgsvreugde, Oorlogsbruid	Grímnismál 47

165

NAAM	BETEKENIS	BRON
Hjálmberi	Helmdrager	Grímnismál 46; Odin met de gouden helm: Gylfaginning 51, Skáldskaparmál 17
Hjarrandi	Schreeuwend, Springend, Hangend	Bragi gamli Boddasons Ragnarrsdrápa 11
Hnikarr	Aanstichter, Omgooier, Voordringer	Grímnismál 47, Reginsmál 18 und 19
Hnikuðr	Agitator, Omwerper	Grímnismál 48
Hrafnaguð	Ravengod	Gylfaginning 37
Hroptatýr, Hroptr	Mogelijk van het Oudnoordse hróp: (Laster, gerucht, reputatie, huilen) of Wijze	Grímnismál 54, Hávamál 160
Jafnhárr	Even hoog	Grímnismál 48
Jálg, Jálkr, Jalkr	Castreren, Hij, die castreert, Hengst	Grímnismál 49 en 54
Kjalarr	Sleerijder(?), Verzorger(?)	Grímnismál 49
Miðvitnis	De Vertrouweling	Volgens Grímnismál 50 een Odin epithet, anderen menen, dat het een Jotunn is

NAAM	BETEKENIS	BRON
Ófnir	Uitlokker, Ophitser	Grímnismál 54
Ómi, Omi	Hij, die luid klinkt, Druktemaker	Grímnismál 49
Óskí	Goede wensen, Hij, die wensen vervult	Grímnismál 49
Saðr	De ware ene, Vertrouwensvol, de Werkelijke	Grímnismál 47
Sanngetall	Waarheidsvinder, Vinder van de juiste waarheid	Grímnismál 47
Síðskeggr	Langbaard	Grímnismál 47
Sidgrani	Hij, met de walrussnor	Alvíssmál
Síðhöttr	Grote hoed, Brede hoed	Grímnismál 47
Sigðir, Sígtýr	Schenker van de zege, God van de victorie, Oorlogsgod	Grímnismál 45, Völuspá 44 en 49
Sigföðr	Vader van de zege of van de strijd	Grímnismál 48
Sigvaðir	zie: Sigföðr	Völuspá 55, Lokasenna 58

NAAM	BETEKENIS	BRON
Skilfingr, Skilfing	Rotsbewoner, Hij, die trillingen veroorzaakt, Bibberaar	Grímnismál 54
Sváfnir	Hij, die de doodsslaap brengt, Afsluiter	Grímnismál 54
Sviðrir	Rustbrenger of Speergod	Grímnismál 50, Gylfaginning 2 en 19
Sviðr oder Sviðurr	Zie: Sviðrir (of: de Wijze)	Grímnismál 50
Svipall	Veranderen, Kortstondig, Gedaanteverwisselaar	Grímnismál 47
Svölnir, Svolnir	Rustbrenger, Hij, die kalm blijft	Skáldskaparmál
Þekkr	Hij, die welkom is, de Geliefde, de Bekende	Grímnismál 46
Þriði	De Derde	Grímnismál 46, Gylfaginning
Þror, Thror	De Snelgroeiende, Ontluikende, Hij, die streeft	Grímnismál 49
Þróttr, Thrott	Kracht, Macht, Hij die machtig is	Glymdrápa 2

NAAM	BETEKENIS	BRON
Þuðr, Thud	De Magere, de Bleke	Grímnismál 21, 46, 54
Þundr	Donderaar	Gylfaginning, Hávamál 145, Grímnismál 46, 54
Uðr, Ud	Beschermheer, de Geliefde, IJveraar	Grímnismál 46
Vakr, Vak	De Waakzame, de Ontwaker	Grímnismál 54
Valföðr, Valfodr	Vader van de gesneuvelden	Grímnismál 48 en Völuspá 1, 27, 28
Valgautr, Valgaut	Gaut of Geat (god?) van de gesneuvelden	Skáldskaparmál
Váfuðr	Wandelaar, Wind(?)	Grímnismál 54
Vegtam, Wegtam	Wandelaar, Reiziger te voet	Baldrs Draumar
Veratýr	God der mensen, God van het zijn	Gylfaginning
Viður, Vidur	Doder, Moordenaar	Grímnismál 49
Yggr, Yggir, Ygg	De Verschrikkelijke, de Ontzagwekkende	Hávamál 3, Grímnismál 53, 54, Vafthrúdnismál 5, Hymiskvida 2, Fiölvinsmal 43

169

'*Odins nöfn*' is een anoniem skaldengedicht dat staat in het laatste gedeelte van de Skáldskaparmál dat *Viðbótarþulur* heet en waarin veel bijnamen van Odin worden opgenoemd.

Odin

Routeplaats 33: Odin en de Nornen

Jouw draadje

Neem je lot bepaald door Nornen,
want je kunt daaraan niet tornen,
met hun macht over het leven
hebben zij jouw weg geweven.
Dus niet passief blijven staan,
want dat pad moet je nog gaan,
leef je weg met hart en ziel,
want jouw draad van 't spinnewiel,
bevat ook liefde en geluk,
dus maak je om je lot niet druk,
doe goed, geniet en mijdt het kwaad
maak van je leven een sterke draad,
want komt tenslotte dan jouw tijd,
dan blijft 't een sieraad in het tapijt
op het grote weefgetouw
die veelkleurige draad van jou.

Nornen zijn in de Noordse mythologie vrouwelijke wezens die het lot van de mensen bepalen. Ze komen voor in de Proza Edda, in acht liederen van de Poëtische Edda, in op zichzelf staande gedichten van skalden en in verschillende sagas.

De drie Nornen Urd (bestemming), Verdandi (dat wat gaande is, dat wat gebeurt) en Skuld (dat wat zou moeten zijn, dat wat zal komen) die bij een Oerbron zitten zijn wijd en zijd bekend.

De drie nornen Urd, Verdandi en Skuld

Vaak kun je lezen, dat ze zelfs ook het lot van de goden bepalen. Dat is echter in de oude bronnen helemaal niet ondubbelzinnig te lezen. Die zienswijze berust vooral op een couplet uit de Völuspá, waarin staat:

De azen kwamen samen op het Idaveld,
daar bouwden ze hoge altaren en tempels,
smederijen bouwden ze en smeedden
kostbare dingen, tangen maakten ze
en goed gereedschap.

In het park speelden ze een bordspel
en waren daarbij vrolijk,
het ontbrak hen niet aan goud,
totdat uit Jötunnheim drie dochters
van de reuzen kwamen,
die grote macht bezaten.

En op de zinsnede uit de Gylfaginning uit de Proza Edda:

Deze tijd wordt het Gouden Tijdperk genoemd, dat duurde totdat de vrouwen, die uit Jötunnheim kwamen, het bedierven.

Vaak worden de drie dochters of vrouwen der reuzen uit het Völuspá citaat als de drie bekende Nornen geïnterpreteerd, maar dat wordt echter verder niet duidelijk gemaakt in het gedicht. Ook niet, dat ze het noodlot van de goden bepaalden; uit het bovenstaande citaat uit de Völuspá kan worden opgemaakt, dat het met de vrolijkheid en de rijkdom van de goden voorbij is met de komst van de drie reuzinnen - de rest moet erbij worden geïnterpreteerd.

Het citaat uit de Gylfaginning gaat over de tijd, direct nadat Asgaard was gebouwd. Omdat aansluitend aan het citaat de tekst vervolgt met:

> Toen namen de goden plaats op hun zetels en verkondigden in een rechtszitting hun wetten.

zou men daaruit kunnen concluderen, dat er tot de komst van de machtige vrouwen uit Reuzenheim een periode heerste, waarin men niet aan wetten was gebonden. Het 'binden' van de goden aan een lot is dan niet meer dan een tamelijk gewaagde interpretatie.

De drie met name genoemde zijn niet de enige Nornen, er zijn er nog veel meer. Onder andere in de Proza Edda, in de Gylfaginning wordt dat duidelijk gemaakt:

> Bij de bron onder de es bevindt zich een prachtige zaal. Daaruit komen drie jonge vrouwen die Urd, Verdandi en Skuld heten. Deze vrouwen bepalen de levenstijd van de mensen. Wij noemen hen Nornen. Er zijn er nog meer zulke, die elk kind bezoeken dat wordt geboren om de levensduur ervan te bestemmen. Zij stammen van de goden af, andere behoren tot de elfenfamilies en weer anderen horen tot de dwergen.

En even verderop staat:

Goede en edele Nornen schenken de mensen een goede levensduur, maar mensen die erge dingen meemaken hebben dat aan boze Nornen te danken.

In de Hervarar saga staat dan ook een strofe, waaruit duidelijk blijkt, dat de Nornen ook wel als een vloek werden gezien:

We zijn vervloekt, bloedverwant,
uw moordenaar ben ik!
Het zal nooit worden vergeten;
boos is de doem van de Nornen.

Maar er zijn ook goede Nornen. In het heldenlied *Helgakviða Hundingsbana* I (Helgi de Hondingsdoder I), arriveren Nornen op de hoeve waar de held Helgi juist ter wereld kwam:

Het was nacht toen
daar de Nornen kwamen,
die het leven vastlegden
van de verheven vorst.
Zij bestemden, dat hij
de beroemdste zou worden
van alle strijders,
en de vermaardste
van alle heersers.

Heel vaak wordt er aangenomen, dat de Norn Skuld en de Walkure met dezelfde naam op dezelfde vrouw wijzen. Wanneer dat klopt, dan verricht tenminste één van de drie bekende Nornen diensten voor Odin.

Omdat de Walkuren ook bij de mensen over leven en dood (in de strijd) beslissen, worden zij alle ook wel eens als Nornen gezien. Wanneer die interpretatie wordt gevolgd, dan is Odin ook de Heer van de Nornen.

Walkure op paard. Door Stephan Sinding (1846–1922)

Routeplaats 34: Odins 'dood'

De titel van deze routeplaats klinkt wellicht tamelijk onheilspellend. De dood betekent gewoonlijk een definitief einde van het leven. Maar het verhaal van de godin Gullveig dat eerder werd verteld bij routeplaats 25, mag duidelijk maken, dat dit voor de goden niet geldt. Ook de gedode en verbrande Balder keert, na de ondergang van de wereld, waarbij ook veel goden sneuvelen (Ragnarök) weer terug in de nieuw ontstane wereld. Omdat in de Oudnoordse bronnen verder niet veel wordt verteld over het ontstaan van de nieuwe werelden, is niets naders bekend over een terugkeer van Odin of de meeste andere goden, eventueel in een andere positie of onder andere namen.

De Heimskringla en de Proza Edda, toch beide van de hand van Snorri Sturluson, geven heel verschillende versies van het sterven van Odin.

De Heimskringla vermeldt in hoofdstuk 10 van de Ynglinga saga:

> Odin stierf in bed aan een ziekte in Swithiod (Zweden). Toen hij zijn einde voelde naderen, verwondde hij zichzelf met de punt van een speer. En hij zei toen, dat hij naar het Huis van de Goden ging en al zijn vrienden daar zou verwelkomen. En hij zou daar alle dappere strijders opnemen. De Zweden geloofden, dat hij naar het oeroude Asgaard was gegaan en daar voor eeuwig zou leven. Toen begonnen ze Odin te vereren en riepen hem ook aan. De Zweden dachten, dat hij

zich voor elke grote veldslag aan hen zou vertonen. Aan sommigen schonk hij de zege, anderen nodigde hij bij zich uit en beide mogelijkheden werden als positief gezien.

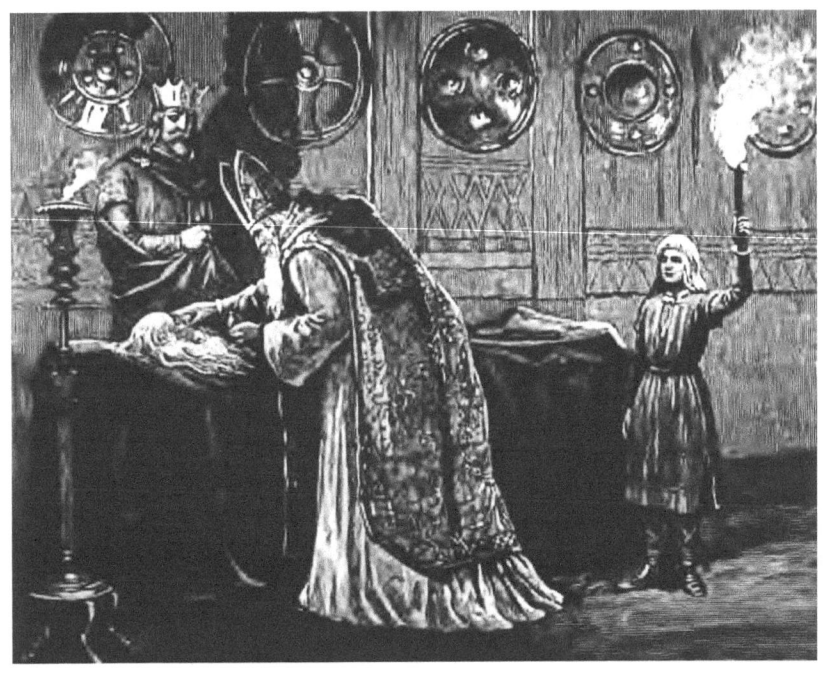

Odin sterft in bed aan een ziekte

Odins lichaam werd met veel pracht op de brandstapel verbrand. Men geloofde, dat hoe hoger de rook ervan opsteeg, des te hoger de status van de gestorvene zou zijn in het nieuwe verblijf. En hoe meer bezittingen mee werden verbrand, des te rijker hij daarginds ook zou zijn.

Het verhaal van Odins dood in de Proza Edda is heel anders. Het einde van de wereld kondigt zich aan door een ijzige winter die zo lang duurt als drie gewone winters. Daaraan vooraf gaan drie gewone, maar strenge winters waarin over de hele wereld veldslagen plaatsvinden, waarbij zelfs broers elkaar doden. Daarna beginnen de voorbereidingen voor de grote slag die Ragnarök heet, hetgeen 'noodlot of oorsprong der goden' betekent. Reuzen en goden, elk met hun helpers, trekken tegen elkaar op. De Gylfaginning vervolgt dan:

Broers zullen elkaar bestrijden en doden,
sterke familiebanden zullen worden verbroken;
het gaat de mensen slecht, er vindt veel echtbreuk plaats,
het is de tijd van bijlen, zwaarden en gespleten schilden
het is Windtijd en Wolfstijd, totdat de wereld is ondergegaan.

Dan gebeurt er iets, dat als ongelooflijk wordt beschouwd. De wolf verslindt de zon, tot grote schade van de mensen. Daarna pakt de andere wolf de maan en ook dat brengt groot onheil. De sterren verdwijnen uit de hemel. Ook de aarde en de bergen beven zodanig, dat de bomen uit de bodem worden gerukt. En de bergen storten in elkaar en alle ketenen worden verbroken en alle banden scheuren. Dan krijgt de Fenriswolf zijn vrijheid terug. De zee overstroomt het land, omdat de Midgardslang in opperste woede om zich heen slaat en aan land kruipt.

Thale: Midgardslang

Dan geraakt ook het schip Nagelfari van de ketting. Dat schip is gebouwd met de nagels van de gestorvenen, daarom ook is voorzichtigheid geboden wanneer iemand sterft met ongeknipte nagels, want daarmee draagt hij bij aan het bouwmateriaal voor dat schip. En de goden en mensen willen niet, dat de bouw van het schip ooit tot voltooiing komt. Maar Nagelfari drijft dan in de vloed en wordt gestuurd door de reus Hrym.
De Fenriswolf komt met wijd opengesperde muil aanstormen, zijn onderkaak beroert de aarde en zijn bovenkaak de hemel. Hij zou hem nog verder kunnen openen wanneer er daarvoor plaats was. Uit zijn ogen en neusgaten spuiten vlammen. Het serpent, de Midgardslang spuwt zoveel gif uit, dat de lucht en de wateren er volkomen mee worden bedekt. Hij ziet er angstaanjagend uit en staat de wolf ter zijde.

Met oorverdovend lawaai breekt de hemel open en erdoor komen de zonen van Muspelheim aangestormd. Surt gaat voorop en zowel voor als achter hem brandt vuur. Zijn voortreffelijk zwaard geeft nog meer licht dan de zon. Wanneer ze over Bifrost rijden, stort deze in, zoals al was voorspeld. Ze dringen door tot op het veld dat Wigrid heet. Ook de Fenriswolf en de Midgardslang komen daarheen, evenals Loki, Hrym en alle vorstreuzen. Loki wordt gevolgd door vele manschappen uit het rijk van Hel. De zonen van Muspelheim vormen alleen al een compleet en heel beroemd leger. Het veld Wigrid is naar beide kanten honderd mijlen breed.

Wanneer dat alles gebeurt, staat Heimdall op en blaast met volle kracht in de Gjallahoorn en wekt alle goden die in een vergadering samenkomen. Daarna rijdt Odin naar de bron van Mimir en krijgt van deze raadgevingen voor zichzelf en zijn gevolg. De es Yggdrasil wankelt en niets in de lucht en op de aarde is zonder vrees. De Azen en alle Einherjar bewapenen zich en trekken op naar het slagveld. Odin rijdt voorop en hij draagt een gouden helm en borstplaat en zijn prachtige speer Gungnir. Hij rijdt op de Fenriswolf toe en Thor gaat aan zijn zijde. Maar hij kan Odin niet bijstaan want hij raakt in een hevig gevecht met de Midgardslang. Freyr treft Surt en na een harde strijd valt Freyr. Zijn dood wordt veroorzaakt door het gemis aan een goed zwaard, dat hij aan Skirnir had gegeven. Dan breekt ook de hond Garm los, die aan het rotshol Gripahellir was vastgebonden. Van alle monsters is hij het meest geducht. Hij vecht tegen Tyr en beide doden elkaar. Thor slaat de Midgardslang dood en kan dan nog negen passen doen, dan valt hij ook ter aarde, gedood door het gif dat de slang op hem had gespuwd. De wolf verslindt Odin en dat heeft zijn dood tot gevolg. Maar direct daarop stormt Vidar naar voren en zet zijn voet op de onderkaak van de wolf. Aan die voet draagt hij een schoen waarvoor het leer eeuwenlang is verzameld. Het zijn de resten van het leer dat wordt afgesneden om de tenen en de hiel van schoenen te maken. Degene die de Azen wil ondersteunen, moet daarom die leerresten weggooien. Met zijn hand grijpt Vidar dan de bovenkaak van de wolf en scheurt de muil in tweeën. Dat betekent het einde van de wolf. Loki vecht met Heimdall en ze doden elkaar daarbij. Tenslotte slingert Surt vuur over de aarde en de hele wereld brandt.

In de Poëtische Edda, in de Völuspá, voorspelt de zieneres die daar aan het woord is, de toekomst en in dichtvorm wordt ook bovenstaande veldslag beschreven. Maar als dat dan voorbij is, en de aarde weer uit de zee is opgerezen, volgt er de strofe:

De Azen komen samen op het Idaveld,
en praten over de machtige gordel om de aarde,
ze herinneren zich de geweldige gebeurtenissen
en de oude runen van Fimbultyr.

Welke Azen daar nu allemaal samenkomen wordt niet duidelijk gemaakt. In elk geval wordt daar pas twee strofen later verteld, dat Balder en Hodr terugkomen. Het biedt in elk geval heel veel ruimte voor allerlei speculaties.

Odin en Frigga, door Harry George Theaker. 1920.

Terug bij de route-informatie
Vragen achteraf

Welkom terug. Hopelijk was het een interessante tocht. Wanneer er nog een paar vragen zijn overgebleven, dan kunnen jullie die nu stellen. Ah, ik zie al vier handen omhoog gaan. Mooi, daar gaan we dan.

1. Is dat alles rondom Odin nu waar of niet waar?

> Een dergelijke vraag kun je bij alle religies stellen. Wanneer je bedoelt of het allemaal wetenschappelijk en historisch bewijsbaar is, dan is die vraag hier niet op z'n plaats. Geen enkele religie kan het bestaan van een god of goden wetenschappelijk bewijzen. Dat hoeft ook helemaal niet. Religies hoeven niet op die manier hun bestaansrecht te bewijzen. Religies ontlenen hun legitimiteit aan het geloof van hun aanhangers, het geloof in een god of meerdere goden. Daarmee belandt je bij persoonlijke overtuigingen. Het antwoord op jouw vraag kan voor ieder van jullie anders uitpakken en je hoeft dan alleen maar bij jezelf na te gaan of jijzelf gelooft of het voor jou waar is.

2. Hoe konden mensen nu toch goden aanbidden die roofden, moordden en andere erge dingen deden?

> De mythen waarover op de diverse routeplaatsen werd verteld, stammen uit een bepaalde tijd, we

zijn nu ruim zeven eeuwen verder. Die verhalen werden door mensen verteld en ze pasten bij de maatschappij en cultuur van die tijd. De vertellers lieten hun goden handelen zoals mensen uit hun tijd dat hadden kunnen doen. Of Odin en die andere goden dat allemaal ook inderdaad deden, weten we niet. We weten zelfs niet precies, welke van die verhalen nu allemaal literaire bedenksels van de skalden waren en wat tot de alledaagse religieuze praktijk hoorde. Daarbij is de vraag vanuit huidige culturele een sociale maatstaven gesteld, maatstaven die in die oude tijden niet zo golden.

Moderne heidenen die tegenwoordig de Germaanse goden vereren, hanteren in hun beleving van de goden moderne zienswijzen die in onze maatschappij passen. Religies zijn niet statisch, ze passen zich aan aan de cultuur van het moment. Bedenk daarbij ook, dat het een kwestie is van geloven .....

Daaraan kan nog wat worden toegevoegd; je weet zelf ook wel, dat ook in onze tijd mensen elkaar in oorlogen verschrikkelijke dingen aandoen en daarbij geloven, dat hun god (of goden) dat zo wil en ze er ook bij ondersteunt. Een mythologie van onze huidige tijd zou er wel eens nog veel gruwelijker uit kunnen zien.

3. Er staan nogal wat tegenstrijdigheden in die Oudnoorse boeken, zoals bijvoorbeeld dat op verschillende

plaatsen voor iemand twee vaders worden genoemd. Hoe kan dat? Dat is toch onlogisch!

De verschillende oude werken die berichten over één of meerdere zonen van Odin zijn inderdaad nogal verwarrend en tegenstrijdig. Dat is een kenmerk van niet alleen maar de Noordse mythologie. Degenen die de mythen, sagen en saga's opschreven hebben die eerst verzameld. En niet uit slechts één bron, maar zeker uit meerdere. Hoeveel weten we niet en ook niet van wie ze het allemaal overnamen. Evenmin weten we, of het opgeschreven werd, zoals het in het verzamelde materiaal voorlag. De beide Eddas en de andere werken bevatten geen mooi geordende lijst van bronnen, en dergelijke. Eén van de gevolgen daarvan is, dat wij tegenwoordig veel ervan onlogisch noemen, soms zelfs wat chaotisch. En we heffen vaak een manende vinger, wanneer we iets tegenstrijdigs ontdekken, bijvoorbeeld wanneer op de ene plaats een bepaalde god een zoon van Odin wordt genoemd, en op een andere plaats een andere god als de vader wordt genoemd. Heel vaak wordt er dan geprobeerd er wat meer logica en regelmaat in te brengen. Zo is bijvoorbeeld de bewering te lezen, dat de reeds genoemde Thulur een latere toevoeging is, toegevoegd door 'iemand anders'. Daarmee kunnen dan alle tegenstrijdigheden waarmee de Thulur te maken heeft, gemakkelijk terzijde worden gelegd. De proloog van de Proza Edda krijgt nogal eens dezelfde behandeling. Met zo'n handelwijze wordt geprobeerd om met 'geweld' een logica van onze tijd aan de verzameling Noordse mythen op te leggen. Het ene deel ervan wordt dan als meer 'juist' geïnterpreteerd dan andere gedeelten. Of dat inderdaad zo is, blijft in het midden, vermoedelijk wisten de schrijvers van die oude boeken het zelf niet eens.

4. Hoe kwamen die monniken er eigenlijk bij om de Noordse goden te zien als menselijke koningen en helden uit een lang verleden?

Dat hebben ze eigenlijk niet zelf bedacht. Waarschijnlijk hebben ze dat overgenomen van de Romeinse schrijver Quintus Ennius die van 239 tot 169 voor het begin van onze jaartelling leefde. Die op zijn beurt had het weer van de Griekse filosoof Euhemeros die ruim een generatie eerder aan het hof van de Macedonische koning Kassander leefde.

Het literaire werk van Ennius omvat voornamelijk bewerkte parafraseringen van Griekse schrijvers. In één van zijn werken presenteert Ennius ook de 'theologische leer' van Ehemeros, waarin de goden die op de berg Olympos woonden geen bovennatuurlijke machten waren, die actief in het leven van de mensen ingrepen, maar grote legeraanvoerders, beroemde regeerders en dergelijke uit oude tijden, die na hun dood op buitengewone wijze herdacht werden - quasi als goden.

Dat mag op het eerste gezicht een puur stukje theologie zijn, maar in feite was het knalharde, praktische politiek van Euhemeros; het idee was bedoeld als stimulans voor de heersende klasse (koningen en andere leidinggevende personen) in Griekenland die door hun handelen ten dienste van de gemeenschap postuum geëerd konden worden in de vorm van een goddelijke status. De Romein Ennius overnam het met dezelfde doelstelling: hij wilde waarschijnlijk zijn omgeving ermee vertrouwd maken, dat een markante persoonlijkheid zelfs al tijdens zijn leven vergoddelijkt kon worden - hij stuurde concreet aan op de vergoddelijking van de Romeinse veldheer Publius Cornelius Scipio Africanus, die in Noord-Afrika Hannibal versloeg.

In zijn 40-delig historisch werk had de Griekse historicus Diodorus, die in de eerste eeuw voor onze jaartelling leefde, de leer van Ennius opgenomen en juist dat werk van Diodorus was lange tijd in de middeleeuwse kloosters een standaardwerk voor de geschiedenis van de klassieke Oudheid. Lacantius (ca. 240 – ca. 320), een vroegchristelijke schrijver en raadsman van Constantijn I, de eerste christelijke Romeinse keizer, gebruikte Euhemeros' theorie (het Euhemerisme) dat o.a. zegt dat de heidense goden oorspronkelijk mensen waren, om de minderwaardigheid t.o.v. de christelijke god te bewijzen. Het is heel waarschijnlijk, dat via deze wegen de vermenselijking van de Noordse goden z'n weg vond naar de werken van Snorri Sturluson, Saxo Grammaticus en anderen.

Wanneer er dan verder geen vragen meer zijn, wens ik jullie allemaal een fijne dag verder. Voor degenen, die nog meer willen weten over Odin of over de Noordse mythologie, volgt nog een lijstje van bronnen om es lekker in te duiken.

Wellicht tot een volgende keer,
                       GardenStone

Ondergang vervroegd

Ragnarök kunnen we
gevoeglijk afschrijven,
dat halen we niet.

Ragnarök, door Collingwood

Leestips en afbeeldingen

Boeken

Elton, Oliver, (Transl.), The Nine Books of The Danish History of Saxo Grammaticus, London - New York, 1905.

GardenStone, Het Mercurius – Wodan complex, Norderstedt, 2011.

GardenStone, Wild Hunt and Furious Host, Norderstedt, 2013.

Gudmundsson, Oskar, Snorri Sturluson, Homer des Nordens. Eine Biographie, Köln – Weimar – Wien, 2011.

Hultgård, Anders, Wotan-Odin. In: Reallexikon der Germanischen Altertumskunde. Vol. 35, p.759 ff., Berlin 2007.

Laing, Samuel, (Trans.), Heimskringla or The Chronicle of the Kings of Norway, Snorri Sturluson, London 1844. Electronic edition edited, proofed, and prepared by Douglas B. Killings, 1996. Some corrections and "Ynglinga Saga" added courtesy of Ms. Diane Brendan, 1996.

Orchard, Andy, (Transl.), The Elder Edda: A Book of Viking Lore, London, 2011.

Otten, Marcel, Edda. De liederen uit de Codex Regius en verwante manuscripten, Amsterdam, 1998.

Otten, Marcel, Snorri Sturluson Edda, Amsterdam, 2012.

Riis, Thomas, Einführung in die Gesta Danorum des Saxo Grammaticus, Odense, 2006.

Rübekeil Ludwig, Wodan aus dem Walde und andere forschungsgeschichtliche Leichen, exhumiert. In Beiträge zur Namenforschung 2004, p. 25-42, Bamberg, 2004.

Vries, Jan de, Edda. Goden en heldenliederen uit de Germaanse Oudheid, Deventer, 1999.

Internet

Heimskringla or The Chronicle of the Kings of Norway. http://omacl.org/Heimskringla/

Gesta Danorum The Danish History, Books I-IX by Saxo Grammaticus. http://omacl.org/DanishHistory/

The Prose Edda of Snorri Sturlson. Translated by Arthur Gilchrist Brodeur. http://www.sacred-texts.com/neu/pre/index.htm

The Poetic Edda. translated by Henry Adams Bellows. http://www.sacred-texts.com/neu/poe/index.htm

Afbeeldingen

De meeste illustraties waren beschikbaar in kleur. Om prijstechnische redenen werden ze alle in grijstonen gereduceerd.

De Mythenweg in Thale in de Harz (Duitsland. Foto's GardenStone

Blz. 4: Odin bij de bron der wijsheid

Blz. 117: Sleipnir

Blz: 122: Draupnir

Blz. 172: De drie nornen Urd, Verdandi en Skuld

Blz. 180: De Midgardslang Jormungand

Andere afbeeldingen

Blz. 6: Odin en zijn broers Vili en Vé scheppen de aarde uit het lichaam van de oerreus Ymir. Kunstenaar: Lorenz Frølich (1820–1908). Bron: Wikimedia commons, geplaatst door Haukurth. Public domain.

Blz. 21: Odin van Lejre. Zilveren beeldje, hoogte 18 mm, gewicht 9 gram. Gedateerd rond 900 AD en geïdentificeerd als Odin op zijn troon (Hlidskjalf) met zijn twee raven Huginn en Muninn. Gevonden te Lejre, Denemarken bij opgravingen in september 2009. Het bevindt zich in het Roskilde Museum. Fotograaf: Mogens Engelund, vrijgegeven onder de Creative Commons Attribution-Share Alike 3.0 Unported licensie.

Blz. 22: Wodan monument in Hannover. Beeldhouwer: Wilhelm Engelhard, (1813 - 1902).

Bron: http://commons.wikimedia.org/wiki/File:Wotan_Denkmal_Hannover.jpg. Copyright foto: Axel Hindemith, april, 2011. Vrijgegeven onder de Creative Commons CC-by-sa-3.0 de. Detailopname van de oorspronkelijke foto.

Blz. 27: Odin rijdt naar het rijk van de godin Hel, door W.G. Collingwood. Uit: The Elder or Poetic Edda; commonly known as Sæmund's Edda. Edited and translated with introduction and notes by Olive Bray, 1908, blz. 238. Wikimedia commons, uploader Haukurth. Public domain.

Blz. 28: Ribe Rune Schedel. http://www.morimarusa.com/2014/01/runic-escapades-the-ribe-cranium/

Blz. 33: Wodan neemt afscheid, door Hermann Hendrich, 1926. Bron: Wikimedia commons, public domain.

Blz. 34: Opgegraven resten van de muren van Troje. Wikimedia commons. Fotograaf: CherryX. Vrijgegeven onder de Creative Commons Attribution-Share Alike 3.0 Unported licensie.

Blz. 34: Kaart van Turkije. http://de.wikipedia.org/wiki/Troja

Blz. 38: Afbeelding van Noordse goden zoals beschreven in de Lokasenna, Poëtische Edda. Gepubliceerd in Gjellerup, Karl (1895), Den ældre Eddas Gudesange, blz. 185. Kunstenaar: Lorenz Frølich (1820–1908), Public domain.

Blz. 48: Odin vraagt Friggs mening over zijn bezoek aan Wafthrudnir. Gepubliceerd in Gjellerup, Karl (1895), Den ældre Eddas Gudesange, blz. 29. Kunstenaar: Lorenz Frølich (1820–1908), Public domain.

Blz. 52: De Gefjon fontein in Kopenhagen, gemaakt door Anders Bundgaard (1864-1937). Foto door Quistnix in april 2005. Bron: wikimedia commons, vrijgegeven onder Creative Commons Attribution 1.0 Generic.

Blz. 55: Odin raadpleegt Mimir. Door E. Doepler in Wallhall, die Götterwelt der Germanen, 1900.

Blz. 55: Odin staat bij de onthoofde Mimir. Afbeelding uit: Sander, Fredrik, (vertaler), Edda Sämund den vises, Skaldeverk, Stockholm, 1893.

Blz. 59: Kolna, door Pollyanna Jones. Uit: GardenStone, Gods of the Germanic Peoples – From Roman Times to the Viking Age, 2014.

Blz. 60: Odin ziet toe. Fotocollage, GardenStone.

Blz. 64: Skadi. Uit: Wagner, W., Germanische Göttersagen, Leipzig, 1907.

Blz. 68: Sæmingr. Door Pollyanna Jones. Uit: GardenStone, Gods of the Germanic Peoples – From Roman Times to the Viking Age, 2014.

Blz. 70: Odin en Saga. Illustratie uit Fredrik Sander's 1893 Zweedse editie van de Poëtische Edda. Reprint 1913. Kunstenares: Jenny Nyström (1854-1946), Public domain. http://en.wikipedia.org/wiki/File:Ed0007.jpg

Blz. 76: Skjöld wordt tot koning uitgeroepen. De auteursrechthebbende van dit bestand staat iedereen toe het voor willekeurig welk doel te gebruiken, mits de auteursrechthebbende correct met naam wordt genoemd. Heruitgave, afgeleide werken, commercieel gebruik en alle andere gebruik is toegestaan. De volgende tekst is de vorm van attributie vereist: De foto werd opgehaald van het project "de oude educatieve posters" centrum voor teksten voor het onderwijs, het college van Vestfold, http://www-lu.hive.no/plansjer. Berig 11:03, 24 juni 2007 (UTC).

Blz. 80: Het bracteaat van Funen, (DR BR42 = DR IK58), gevonden in Funen, Denemarken. De figuur in het midden wordt als Odin geïnterpreteerd. Bron: Bloodofox, wikimedia Commons. Verblijfplaats: het national museum van Denemarken. Vrijgegeven onder Creative Commons Attribution-Share Alike 3.0 Unported.

Blz. 84: Freyja bij de dwergen. Uit: Wagner, W., Germanische Göttersagen, Leipzig, 1907.

Blz. 88: Freya. Door Pollyanna Jones. Uit: GardenStone, Gods of the Germanic Peoples – From Roman Times to the Viking Age, 2014.

Blz. 90: Ik weet, dat ik hing aan de boom in de wind. Uit: 'The Elder or Poetic Edda; commonly known as Sæmund's Edda' in de vertaling van Olive Bray en geïllustreerd door W.G. Collingwood (1908) blz. 61. Public domain.

Blz. 100: Runensteen uit het Vikinger museum in Haithabu in Sleeswijk-Holstein. Foto GardenStone.

Blz. 105: GardenStone's drinkhoorn. Foto GardenStone.

Blz. 106: Wij weven, wij weven, het weefsel der strijd. Door E. Doepler in Wallhall, die Götterwelt der Germanen, 1900.

Blz. 114: De nachtwake van de walkure uit 1915. Door Edward Robert Hughes (1851-1914). http://commons.wikimedia.org/wiki/File:The_Valkyrie%27s_ Vigil.jpg. Public domain.

Blz. 116: Odin, Sleipnir, Geri, Freki, Huginn en Muninn. Uit: Den Ædre Eddas Gudesange, Karl Gjellerup (vertaler), met tekeningen door Lorenz Frølich, Sleipnir, Kopenhagen, 1895, blz. 144.

Blz. 120: Odin. http://commons.wikimedia.org/wiki/File:Odin_%281825-1827%29_by_H._E._Freund.jpg

Blz. 128: Fragment van de Stora Hammar steen, gevonden op Gotland. wikimedia commons, fotograaf: Berig. Vrijgegeven onder Creative Commons Attribution-Share Alike 3.0 Unported.

Blz. 128: Valknut. GardenStone.

Blz. 130: Gullveig. Door Pollyanna Jones. Uit: GardenStone, Gods of the Germanic Peoples – From Roman Times to the Viking Age, 2014.

Blz. 136: Odin vecht met de Fenris wolf. Uit: Guerber, H. A. (Hélène Adeline) (1909). Myths of the Norsemen from the Eddas and Sagas, p. 334. Kunstenares: Dorothy Hardy (fl. 1891 - 1925). Public domain.

Blz. 149: Odins aankomst in Zweden en de ontmoeting met Gylfi. Wikimedia commons. Uit: "Odens ankomst till Sverige och förening med Gylfe". kunstenaar: Hugo Hamilton. 1830. http://www.martling.net/Hamilton/hamilton.htm. Public domain.

Blz. 150: Odin. Uit: "Germanische Göttersagen", Friedrich Florstedt, 1925, omslagtekening.

Blz. 155: De godin "Nanna" gemaakt in 1857 door by H. W. Bissen (1798-1868). Het bevindt zich in de Ny Carlsberg Glyptotek, te Kopenhagen. Foto door Bloodofox. Als public domain vrijgegeven. Wikimedia commons.

Blz. 156: Midwinterritueel in de tempel te Uppsala, door Carl Larsson (1915). Bron: Wikimedia commons, uploader: Berig. Public domain.

Blz. 156: Houtsnede, vorstellend de tempel in Oud-Uppsala, gewijd aan drie Azengoden. Gemaakt door Olaus Magnus in 1955. Uit: "Historia de gentibus septentrionalibus", book 3. Public domain.

Blz. 160: De wereldboom Yggdrasil en enige van zijn bewoners. Uit: Wägner,

Wilhelm, Asgard and the gods,1886, blz. 27. Kunstenaar: Friedrich Wilhelm Heine (1845-1921).

Blz. 170: Odin. Door Pollyanna Jones. Uit: GardenStone, Gods of the Germanic Peoples – From Roman Times to the Viking Age, 2014.

Blz. 176: Walkure op paard. Gemaakt door de beeldhouwer Stephan Sinding (1846–1922). Bron: Wikimedia commons. Foto door Leonard G. Vrijgegeven onder de Creative Commons Share Alike 1.0 licensie.

Blz. 178: Odin sterft in bed aan een ziekte. Afbeelding uit: Sander, Fredrik, (vertaler), Edda Sämund den vises, Skaldeverk, Stockholm, 1893.

Blz. 184: Odin and Frigga - Illustratie door Harry George Theaker. Uit: "Children's Stories from the Northern Legends" door M. Dorothy Belgrave and Hilda Hart, 1920. Wikimedia commons, public domain.

Blz. 190: Ragnarök. Uit: The Elder or Poetic Edda; commonly known as Sæmund's Edda. Edited and translated with introduction and notes by Olive Bray. Illustraties door W.G. Collingwood (1908), blz. 276.

De Nerthus claim

Nauwelijks enig ander document uit de tijd van het Romeinse imperium van bijna tweeduizend jaar geleden heeft bij ons zo sterk de aandacht getrokken als de Germania van Tacitus. Juist uit deze ethnografische verhandeling kennen we de naam Nerthus, een godin, die door zeven kleinere stammen der Germanen zou zijn vereerd. Veel wat in de Germania staat wordt inmiddels echter in twijfel getrokken. Het origineel is verdwenen. De bestaande copieën werden van oudere, eveneens verdwenen copieën overgeschreven en deze zijn niet gelijk aan elkaar. Ook daarom bestaan er veel vraagtekens over dat geschrift in het algemeen en speciaal ook met betrekking tot de godin Nerthus. Dit boek probeert daar tegenover enige uitroeptekens te zetten, soms met een uitdagende ondertoon.

160 pagina's paperback
Prijs: € 14,95
Besteladres: www.hg-shop.eu

Nehalennia – Godin van de zeekust

In de eerste eeuwen na het begin van onze jaartelling, toen het Romeinse Rijk zich tot ver naar het Noorden uitstrekte, heerste er aan de westelijke noordzeekust een godin, die door Romeinen, Kelten en Germanen vereerd werd. Pas in 1647 duikt haar naam op, NEHALENNIA, in steen uitgehouwen. En dat niet slechts eenmaal, nee, er werden vele aan haar gewijde altaren gevonden.

Dit boek vertelt over die vondsten, beschrijft in woord en beeld een rijke keuze uit deze altaarstenen en schetst vervolgens een uitvoerig beeld van het leven destijds, dat daarmee de Nehalennia-cultus in haar achtergrond plaatst; haar land, haar betekenis, haar vereerders en de daarmee samenhangende achtergronden worden in een mogelijke historische context gezet. Een godin zonder mythologie, maar met een boeiende geschiedenis!

340 pagina's, Paperback
157 gekleurde, 45 zwartwit illustraties, 14 kaarten
Prijs: € 38,00 (plus verzendkosten)
Besteladres: www.hg-shop.eu

Het Mercurius-Wodan complex

Ongeveer tweeduizend jaar geleden schreef de romeinse geschiedsschrijver Tacitus, dat de Germanen boven alles Mercurius vereerden. Daarmee bedoelde hij een germaanse god die hij met Mercurius gelijkstelde. Omdat Tacitus de naam van die god niet noemde, moest deze geïnterpreteerd worden. Na een flink aantal eeuwen was men het er over eens, dat het Wodan moest zijn. Ook tegenwoordig wordt dit als vanzelfsprekend aangenomen.

In dit boek wordt deze opvatting getoetst aan de hand van de oude, veelal primaire bronnen - de uitkomst stelt grote vraagtekens bij die vastgeroeste zienswijze. Dit boek vereist de bereidheid om platgetreden paden te verlaten om ogenschijnlijke vanzelfsprekendheden onvooringenomen op de proefstand te stellen.

156 pagina's, paperback
48 afbeeldingen
Prijs: € 14,95 (plus verzendkosten)
Besteladres: www.hg-shop.eu

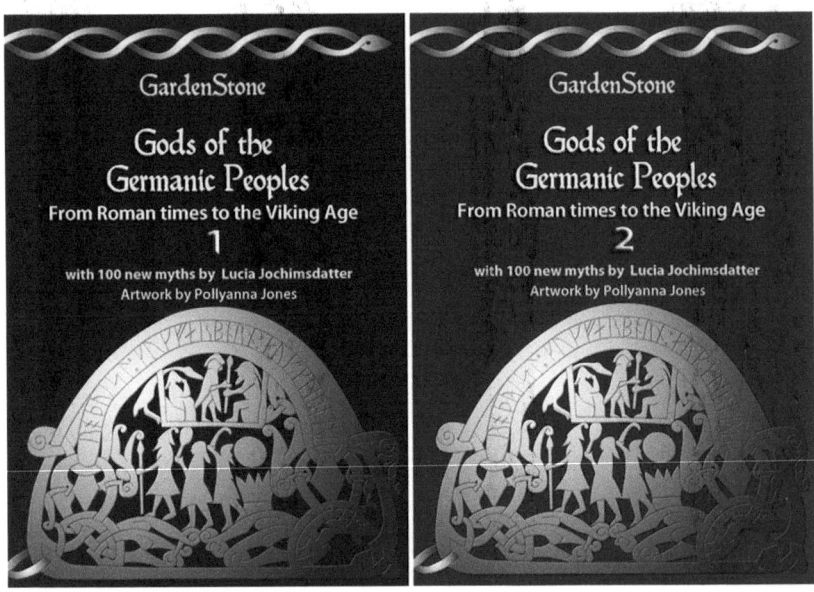

Dit tweedelige en rijk geïllustreerde werk van plm. 650 pagina's bevat een uitgebreide beschrijving van zo'n 270 namen van Germaanse goden en godinnen o.a. met Latijnse inscripties op votiefstenen en de vertalingen ervan, citaten uit Oudnoorse en andere oude boeken en documenten en de etymologie van die namen. Verder zijn er bij honderd godheden korte, fictieve verhalen toegevoegd die proberen een indruk te geven hoe de mernsen destijds hun goden mogelijk ervaarden.

Prijs: Nog onbekend.
Een kleine leesproef ligt hier:
   http://www.chaosowl.net/Sample.pdf
Bestellen kan o.a. hier, zodra het werk eind 2014 is gepubliceerd:
   www.hg-shop.eu